世界各国で
呼応するかのように、
若者が声を
上げ始めている。
ここ東アジアでも──。

ひまわり学生運動（太陽花學運）
2014年 3 月18日－ 4 月10日
台 湾

TAIWAN

雨傘運動（Umbrella Movement）
2014年 9 月26日－12月15日

香　港

HONG KONG

自由と民主主義のための学生緊急行動（SEALDs）

2015年5月3日－

日 本

JAPAN

香港×台湾

若者はあきらめない

OUTH
EVER
E UP

日本×

YO
NE
GIV

SEALDs

はじめに

牛田悦正
（SEALDs）

自分が「東アジア」という地域に住んでいることを想像したことがあるだろうか。僕はあまりなかった。今回対談した、周庭《アグネス・チョウ》さんや黃之鋒《ジョシュア・ウォン》くんが住む香港、陳為廷《ちん・いてい》くんが住む台湾は、とても近いところにあるけど、日本、香港、台湾を一括りに「東アジア」として、同じ地域に暮らしていることを想像したことはなかった。それは当然、僕の無知からくるものであるけど、日本の世間一般も同じなんじゃないだろうか。日本では、少しネットを覗けば、同じ「東アジア」の国に対する歪んだ想像力ならうんざりするほど見ることができる一方で、「東アジア」を共に生きている空間として想像することは難しいように思える。

しかし、僕は本書の対談を通じて、「東アジア」各国の中から同じように自由と民主主義《デモクラシー》を求める市民が次々と立ち上がっていて、しかも、その主体である学生が、多少の差異はあれ、みんな同じようなことを考えているということが分かった。

香港では2014年9月から、中華人民共和国に対し民主化を求める〝雨傘運動〟が起こった。香港特別行政区長官の選挙は中国政府が勝手に選んだ候補の中から選ぶことになっており、「真の普通選挙」ではなかったからだ。催涙スプレーを用いて鎮圧しようとする警察に抗して、雨傘を広げ、繁華街を占拠《オキュパイ》するデモ隊の画を見たことがある人も少なくないだろう。その中心になっていたのが、学民思潮《スカラリズム》という団体であり、今回対談した周庭さん、黄之鋒くんがその先頭に立っていた。雨傘運動は、大きな盛り上がりを見せたものの、政府からの譲歩は得られなかった。現在ふたりは、「香港衆志《デモシスト》」という新党を立ち上げており、香港の未来を決める住民投票の実施を求める方針だ。

また台湾では、２０１４年３月に与党である国民党が、立法院（日本でいう国会）での議席を過半数掌握しているのをいいことに、中国との両岸サービス貿易協定の審議を一方的に打ち切り、強行採決をしてしまった。これに不満をもったデモ隊の中から３００人を超える学生が立法院の建物（日本でいう国会議事堂）を占拠《オキュパイ》し、その周囲にも学生を支持する数万人のデモ隊が集まった。その後の選挙で国民党は大敗北を記した。これを指揮したひとりが、今回対談した陳為廷くんだ。陳くんはその後、若者たちで立ち上げた政党に参加したが現在は脱退、先を見越して海外の大学院に進学する予定だ。

ＳＥＡＬＤｓの前身団体であるＳＡＳＰＬ（特定秘密保護法に反対する学生有志の会）は、２０１４年２月１日に初めてのサウンドデモを行っており、学生運動のはじまりは香港、台湾とだいたい時期を同じくしている。本格的に盛り上がったのは、２０１５年５月からＳＥＡＬＤｓが行った毎週の国会前抗議からだった。その主張は安倍政権が立憲主義と民主主義《デモクラシー》を無視するように強行した安保法制に対する反対であった。

これらのどの運動も、民主主義《デモクラシー》を強く希求するだけでなく、それらを体現するために、学生が自ら路上に立ち声を上げた。これら行動の根源にあるものはなんだろうか。

ひとつには生の肯定、いま生きている日常への肯定の感覚がある。社会を革新するというよりも、この国で普通に、自由に生きることへの希望だ。民主主義《デモクラシー》は勝手に輝く価値ではなく、善く生き延びるための手段なのだ。

もうひとつは、系譜の意識、紡がれてきた歴史とこれから紡いでいく未来へのリスペクトだ。それはある種のナショナリズムかもしれない、しかし排外主義的な悪しきナショナリズムではない。それぞれの土地で自由のために戦ってきた先人たちからそのバトンを受け取り、未来へ繋いでいこうとする運動だ。

これらの運動は不安定な秩序の中で、崩れようとしている当たり前の日常を保持し、暗く見通しのない未来になんとか光をもたらそうとする賭けだった。「僕ら」は民主主義が、絵空事ではなく、いまここにある生活と一体であること、そしてそれは求め行動しなければ維持することのできないものであることを理解し、体感していた。

本書を読むことで、そんな民主主義《デモクラシー》の感覚と、「東アジア」を「僕ら」と捉える想像力を養うための一助となればとても嬉しいことだ。

CONTENTS

CONTENTS

DIALOGUE

01

対話——1

占拠《オキュパイ》が解放したもの

周庭《アグネス・チョウ》

×

SEALDs

奥田愛基／溝井萌子／牛田悦正

――最初に、お互いの運動の印象について聞かせてください。

奥田　もともと、２０１２年頃に、香港で中国政府が押し付ける〝**愛国教育**〟※1に学生たちが反対している、っていうニュースをちらほらと耳にしてました。その後、２０１４年に入って、まず台湾で学生たちが**立法院**※2を占拠《オキュパイ》した〝**ひまわり学生運動**〟※3が起こって、次に香港で〝**雨傘運動**〟※4が起こって……という流れですよね。ちょうどその頃、僕らもＳＥＡＬＤｓの前身である**ＳＡＳＰＬ**※5として「デモとかやってみようか」と動き始めたところだったので、台湾や香港の学生たちが、たとえばどんなプラカードを掲げて、どんなメッセージを打ち出して抗議をしているのか？　気になってインターネットでチェックしたり。特に雨傘運動は日本のメディアでも盛んに取り上げられていましたよね。ＮＨＫのドキュメンタリーや、**雑誌**※6**『ローリングストーン日本版』**に載った**黄之鋒**※7（ジョシュア・ウォン）くんの記事を見て、単純に「すごいな」っていうか、「彼らのこの力はどこから来るんだろう？」と思っていました。それまでは東アジアの学生が動いてるってイメージもそんなになかったし。

周庭　私の場合は、まず、〝日本人＝政治に対する関心が薄い人たち〟というイメージがありました。私の知っている情報では、日本でも投票率は50％くらいあるみたいですが、本当に関心を持っている人たちはそれよりも少ないでしょう？　そして、その中で社会運動をやっている人たちとなるともっと少ない。さらに、その中で学生運動をやっている人たちとなるともっ

（※1）愛国教育　2012年、中国共産党が香港に導入を試みた、愛国心を育てるための教育カリキュラム。大規模な反対デモが起こったことで事実上撤回された。

（※2）立法院　陳為廷「対話5」参照。

（※3）ひまわり学生運動　陳為廷「対話5」参照。

（※4）雨傘運動　2014年9月26日に香港で起こった大規模デモ。最初は授業のボイコットから始まったが、排除のため警察が催涙弾を発射したことにより一般市民が集結し、それを防ぐために雨傘を使ったことから、欧米のメディアが〝アンブレラ・ムーブメント＝雨傘運動〟として報道。一躍、世界中から脚光を浴びることとなった。オキュパイは79日間続き、12月15日の強制排除で終了した。

（※5）SASPL　SEALDsの前身となる団体。〝特定秘密保護法に反対する学生有志の会／Students Against Secret Protection Law〟の略称で、〝サスプル〟と読む。2013年12月6日、特定秘密保護法（→本章〝特定秘密保護法〟の項参照）が参議院で可決されるのに合わせて、国会前で行われた抗議活動に参加していた学生たちによって結成。同法が施行される2014年12月10日に解散するまで、3回のデモを行った。個人名を表明した上で反対の理由を述べるスピーチ、スタイリッシュな告知画像や、意見交換のためのパーティの開催など、後のSEALDsで展開し、〝新しい社会運動〟と評された要素が既にこの時点で見られる。

（※6）雑誌『ローリングストーン日本版』　2015年1月号に小川善照（文）と藤原新也（写真）によるルポ「雨傘運動――香港を動かした18歳の少年」が掲載。小川氏は、当座談会のセッティングにも協力してくれた。

（※7）黄之鋒　雨傘運動の中心となった学生団体〈学民思潮（スカラリズム）〉の実質的なリーダーである招集人を務める。96年10月生まれで、雨傘運動時は17歳～18歳。米『TIME』誌の表紙を飾り、香港における民主化運動のアイコンに。同誌が選ぶ2014年「世界で最も影響力のあるティーンエイジャー25人」のひとりにも選出。

ともっと少ない（笑）。ちなみに、日本の学生運動といえば、思い浮かぶのは、**60年代の安保闘争**[※8]と、ＳＥＡＬＤｓの**安保法制**[※9]反対デモ。だいぶ間が空いている。だから、みなさんがそのような〝政治的無関心〟の中で運動をやろうと決心をするのはすごく難しいことだったんだろうなと想像します。一方、香港は日本と状況が違っていて、1年間で警察に申請されるデモの数が500件くらいはあります。

奥田　香港は日本よりも人口がずっと少ないのにその数はすごいですね。

溝井　周庭さんは「日本人は政治に無関心」というイメージを持たれているということですが、私自身、高校生の時に**脱原発デモ**[※10]に行っていた時、そのことを周りの友達に言えなかったんです。政治の話をして友達に引かれるのは怖いと思って。だから、雨傘運動を知って驚いたんですね。みんなで携帯電話の灯りを振りながら歌っている光景をYou Tubeで観て、「学生が中心になって、こういうことができるんだ」って。で、私は並行して、ＳＡＳＰＬのデモに行き始めて、同世代で政治の話ができる友達が少しずつ増えていって、ＳＥＡＬＤｓのメンバーになってという経緯があって今に至るので……。

奥田　香港の運動がなかったら、そもそもこの場にいない？

溝井　そういう感じ。かなりポジティヴなメッセージをもらいました。

香港のデモ事情

周庭 市民運動に関しては、日本よりも香港の方が進んでいるのは事実だと思います。日本では過去の安保闘争の失敗、運動の中で死傷者が出たというような歴史的背景があって、そこがターニングポイントとなって、現在の差になったのではないでしょうか。

先ほども言ったように、香港では環境が違って、たとえば気軽に友達を誘ってデモに行くのが普通なんですが、それがいつから始まったかというと――1989年の**六四事件**[※11]（天安門事件）の時には大きな抗議集会がありました。ただし、それは香港ではなくて中国で起きた事件です

（※8）60年代の安保闘争　59年〜60年と、70年に行われた、日米安全保障条約に反対する市民運動。

（※9）安保法制　自衛隊法や国連ＰＫＯ協力法をはじめとした10法を一挙に改正する平和安全法制整備法と、新法を制定する国際平和支援法の総称。２０１５年９月19日に参議院本会議にて可決成立。

（※10）脱原発デモ　２０１１年３月11日の東北地方太平洋沖地震にともなう、福島第一原子力発電所の事故を発端として起こった、政府の原発政策見直しを求める市民運動。首相官邸前で行われた抗議には、最大20万人（主催者発表）の参加者があった。

（※11）六四事件　１９８９年６月４日、中国・北京市の天安門広場にて、民主化を求めて同広場を占拠していた学生を中国人民解放軍が武力で鎮圧、多数の死者を出した事件。日本では〝天安門事件〟と呼ばれるが、中華圏では１９７６年４月５日に天安門広場で起こった市民と軍の衝突（四五事件）と区別して、こう呼ばれる。

よね。香港で起きた事件のために香港人がたくさん集まった最初のデモが、2003年7月1日のもので、参加者は50万人。私はここから香港の市民運動が動き始めたと考えています。その後は、盛り上がったり、落ち着いたりの繰り返しだったんですが、歴史ある建物を守ろうという香港本土保育運動が起こったタイミングで政府の支持率が下がったこともあって、また学生運動や民主化運動が大きくなっていきました。

あるいは、日本と香港の違いについてはこうも言えるかもしれません。日本の場合、香港と違って、制度上は民主主義《デモクラシー》です。香港には普通選挙制度がありません。自分たちの手で選出することができる議員は、議会の半分ぐらいです。その点、日本は民主的です。ただ、日本の人たちはその普通選挙というシステムに頼りすぎて、「自分はこの人を選んだんだから、あとは任せておけばいい」「自分は何もしなくていい」と思ってしまっているからこそ、今の日本の政治的無関心があるのではないかなと。

奥田　……耳が痛いですね（苦笑）。そのとおりすぎて。

周庭　いえいえ、かつての香港もそうだったんです。日本だけの特殊な事情というわけではなく、香港にもそのような時期があったことは付け加えておきたいです。ただ、香港では、最終的に人々が街頭に集まって、政府に対して〝NO〟と言うようになって……。

奥田　勉強不足で申し訳ないのですが、先ほど「香港で社会運動が動き始めるきっかけとなった」と言っていた2003年7月1日のデモは、何に対する抗議だったのでしょうか？

周庭 〝**香港特別行政区基本法**[※12]〟という、香港のミニ憲法みたいなものがあるんですね。その基本法23条の内容は政府のセキュリティ対策みたいなものなんですが、2003年にそれに基づいて治安法令が制定されそうになったんです。要するに、自由にものが話せなくなってしまう、政府へ反対する運動は直ちに国家反逆罪になってしまうという。その時、反対デモに50万人が参加した結果、現在（2015年12月）でも法令は棚上げにされたままです。

――SASPLが打ち出した**特定秘密保護法**[※13]への危機意識と近いものがありますね。もちろん、デモの規模は違いますけど。

周庭 日本での特定秘密保護法案反対デモの参加者はどのぐらいだったんですか？

奥田 法案が通る前は、多くて5～6万人とか。通った後は数千……いや、数百人くらいか（笑）。SASPLは、特定秘密保護法案が通ってデモの参加者が減る中で、「逆に、今こそ言わなきゃいけないでしょう」と言って運動を始めたという。普通は、法案が通ったら運動って終わるんですけど、僕らはそこから始めたんです。

（※12）香港特別行政区基本法　1990年4月に制定された、中華人民共和国香港特別行政区における政策の基本となる法律。

（※13）特定秘密保護法　2014年12月に施行された、国家の安全保障に関する情報のうち、特に重要なものを〝特定秘密〟として保護し、漏洩者を罰則することなどを定めた法律。そもそも、国民には何が特定秘密とされるのかが分からないため、弾圧に流用されるのではないかなど、批判が相次いだ。

日本の特定秘密保護法は簡単に言うと、「国家が情報を管理します。一般人がその情報を漏らしたり関与すると捕まります。ただし、どういった情報を管理するかはオープンにしません。何が秘密かさえも秘密です。でも、国家の安全のためだから仕方がないですよね」っていうものなんです。で、それが議題に上がった時に思ったのは、確かに国家が管理すべき情報はあると思うんですが、国家の情報っていうのは、本来、市民の情報なんだから、その取り扱い方を決めるにあたってもう少し自分たちの意見を反映させてくれてもいいんじゃないかと。しかも、世論調査では8割の人たちが「いま通すべきじゃない」と考えているという結果が出ていたので、国会に対して「もう少し考えてくれ」と言おうと思ったんですね。当たり前ですけど、情報の管理が行き過ぎている社会というのは非常に恐ろしいです。先日もTPP議論交渉の文章がほぼ黒塗りで出てきましたけど、日本はただでさえ情報公開が不十分な国だと言われてきていて、むしろ情報公開の法律とセットでないと特定秘密保護法のような法律は認めるべきではないと思いました。

また、国際的にも2013年には、**ツワネ原則**[※14]という国家の情報管理に関する国際原則もできました。世界中で、国の情報管理と国民の知る権利の関係性は問題になっていて、それに対する国際社会としてのひとつの答えだったのですが、この原則もあまり反映されませんでした。原発事故の当時、民主党政権下できちんと情報が公開されてないと不安を覚えた人も多いし、さらに安倍政権の元では、国境なき記者団が発表する「世界報道自由度ランキング」が72位まで下がっていたりと、この国の情報は一体誰のものなのか深刻に考える機会が増えました。

つまり、原発事故であったり、安全保障や特定秘密保護の問題の中で、国民の権利が脅かされるかもしれないと考え始めたその時、僕は初めて日本を「自分たちの国なんだ」と意識したのかもしれませんね。周庭さんが言うとおり、日本人は政治に無関心だと思うんだけど、なんでなのかと言えば、自分たちで国を動かしているとか、自分たちで国のありようを決められるとは思えないというか……民主主義《デモクラシー》の国なんだからできるはずなのに、そう思えない。どこか自分とは関係ないと思っている人が多い気がします。

そこで気になるのは、香港の子たちは、どうやって香港を「自分たちの場所だ」と思えるようになったのか？ どのようにして「自分は香港人だ」というアイデンティティを持てるようになったのか、それがとても気になります。

（※14）ツワネ原則 「国家安全保障と情報への権利に関する国際原則（Global Principles On National Security And The Right To Information)」の通称。安全保障上の理由で国が情報を秘匿したり、情報の暴露を処罰する法律を制定したりする際に守るべき国際的指針。2013年6月、南アフリカ共和国のツワネで採択されたため、こう呼ばれる。

「自分たちの場所」という手ごたえ

周庭　やはり、日本と香港では歴史的背景が違うことが大きいでしょうね。もともと香港はイギリスの植民地でしたし、その中で政治をやるにあたっては自分の身分や立場が非常に重要でした。その時代にどういうアイデンティティの人が多かったかというと、〝商人《ビジネスマン》〟。商売する人は自分の利益のためなら、ある時は中国人、ある時はイギリス人、どっちにでもなれる。それが、1997年の**香港返還**[※15]以降に始まった社会運動を通して、「香港《ここ》は私たちの場所なんだ」という意識が芽生えて、「自分たちは中国人でもなく、イギリス人でもなく、香港人だ」と言うようになったんです。日本ではアイデンティティが〝国〟に根差していますが、香港では国ではなく〝場所〟であることも違いますね。

また、日本と香港では社会運動の目的も違っていて。民主主義《デモクラシー》社会である日本でデモを行うとしたら、その目的は「選挙に影響を与えること」や「政府に圧力をかけること」になると思いますが、香港ではそれが通用しない。なぜかと言うと、香港トップの特別行政区長官は香港人が選挙で選べないので、どんなにデモをしても、選挙はもちろん、政府に影響はないんです。だから、中国の動きに対する香港人の対抗策は「日常生活を止める」ということ。つまり、「1回止まって、考えてみましょう」って言うことなんですね。

奥田 日常生活を止めて、放棄する。ストライキ、みたいな意味合いですか？

周庭 そうですね。雨傘運動の時に香港の主要街頭を占拠《オキュパイ》しました。それらは、日本で言えば渋谷のハチ公前のスクランブル交差点みたいな場所で、私たちはそこに79日もの間、居座った。もし、日本でハチ公前交差点を79日間占拠《オキュパイ》できたら、きっと政府に対してどんな要求だってできますよね？ でも、香港では占拠《オキュパイ》が政府にもたらした結果は、ほぼゼロ。何もなかったと言っていいぐらいです。

奥田 日本だと、渋谷みたいな場所を占拠《オキュパイ》するのは想像できない光景です。デモそのものに嫌悪感を持ってる人が多いし、街中で見ても、団体名を書いた旗でいっぱいだから「あ～、そっち系の人たちね」ってスルーしちゃう、みたいな。組織とか政党が絡んだりすること自体、悪いことじゃないと思うんですけど、政治に関心があるってことさえもなかなか言えませんから。

一方で、僕たちが特定秘密保護法の時に問題意識を持ったのは、もちろん法案自体に対してもそうなんだけど、日本の民主主義《デモクラシー》のあり方に対しても、だったんです。民主主義《デモクラシー》って単なる制度の話だけじゃなくて、その能力、それをどうやって使いこなすかってことも問われているのだと思います。民主主義的な社会でもいろいろな問題はありますしね。だから常に努力をしないと、止まってる水みたいに腐っていってしまうんですよ。代議制民主主義であっても、主

（※15）香港返還 1997年7月1日、香港の主権がイギリスから中華人民共和国へと返還された。

権者は国民ですから、一人ひとり考えないといけない。個人がそれぞれの想いを持ち寄り、政治に参加し、そして、その代表が最終的に決定をするということですよね。議会も民主主義《デモクラシー》を機能させる上でのひとつの方法ですから、想いを持ち寄る方法は選挙でもいいし、デモでもいい。一番大事なことは、主権が国民一人ひとりにあるということの意味や価値です。

それなのに日本では、そういった民主主義《デモクラシー》のコンセプトを支えるものである――自分たちが決めているという実感、自分たちに主権があるという手応え、ここが自分たちの国だというアイデンティティがなかなか持てない。

「国民の政治離れ」ということをしきりに言う人がいますが、単純にそうではなく、実際には、政治政党や政治に関わる組織の方も、きちんと参加する回路を作ってこなかったようにも思えます。そういう文化《カルチャー》を作れなかった。スタイルとか伝え方も、結果として自分たちの組織や党員の人に向けてしか語ってこれなかったように思えます。

僕たちはデモをやる上でそこを変えたかった。もう一度、そもそもの話に戻って、「ここは民主主義《デモクラシー》の国でしょ。ここは私たちの国でしょ」っていう感覚を取り戻せないかと。賛否はあるだろうけど、参加したいと思ってる人はゼロなはずがない。「若者は政治的に無関心だ」とか言って切られ続ければ、永遠にそこはゼロのままですから。ちょっとずつそれを広げたかった。そういうことが日本でもできないかと考えて、SEALDsを作りました。

周庭　ただ、普通の人は、政治組織が立ち上がると「背後に何かあるんじゃないか？」と気になるものですよね。学民思潮[※16]も、2011年の反愛国教育運動を機に立ち上がったのですが、当時は横断幕をつくっただけで「この金は誰からもらったんだ?」みたいなことを言われていました。

奥田 同じですね。SEALDsもさんざん疑われました。自分たちでデザインとか作っても「大手デザイン会社を雇ってる」とか、いろいろ言われました。

周庭 なかなかそこは理解してくれないんですよね。

(ここで、牛田が入室する)

牛田 遅くなりました!

周庭 (笑)。

奥田 すいません、気にせず続けてください(笑)。

周庭 はい。だからこそ、当時の私たちは政治的に潔癖症と言いますか、特に政党との距離に関してはかなり気を付けていました。2012年に反愛国教育運動の一貫で公民広場を10日間

(※16)学民思潮 2011年、香港の中学生たちにより立ち上げられた学生団体。2012年には反愛国教育運動の、2014年には雨傘運動の中核を担った。2016年3月に解散。新たな団体と政党を立ち上げることを宣言した。

ぐらい占拠《オキュパイ》したことがあって、その間にハンガー・ストライキ[※17]もやったんですね。そこで民意が爆発的に盛り上がって、学民思潮の知名度が一気に上がった。既存政党から、応援演説をしたいという申し出もあったんですが、すべてお断りしました。香港にも政党はいろいろあります。民主派だったり、保守派だったり。それら政党との距離をどう保つのかが、学民思潮にとっての大きな課題です。たとえ民主派の政党であっても、私たちが100％支持できるわけではない。ある問題に関しては相容れなかったり、若者の考えを理解していない部分があったり。

私たちも今はいろいろな政党と繋がりがあるんですが、そのようなコネクションをつくるのは、ある程度、知名度を積み重ねてからにしました。なぜかというと、まずは「自分たちの組織は既存の政党とは違う」というイメージを持ってもらわなきゃいけなかった。やはり、一般の人々というのは、新しく政治組織がつくられた際、背景がどうなっているのか不信感を抱くものですし、そもそも政治は汚いものだと考える人も多いので、組織運営にあたって、政党との距離はよく考えるべき問題だと思います。

私は2012年に学民思潮に参加し、もちろん現在もメンバーです。これまでの3、4年間、さまざまなポジションに就いてきました。その上で思うのは、政治組織をやるにあたっていちばん重要なのは〝発言権〟だということです。学民思潮の根本にあるのは、「議会の中で既存政党が自分たちの声を代弁してくれない」「政治に自分たちの意見が反映されていない」「だから、社会運動を通して自分たちの言いたいことを言う」ということ。ただ、既存政党には数十年の歴史があり、人脈があり、政界の中でずっと活動してきたわけで、政治というゲームをどういった風にやるかということに関しては、彼らの方がずっと上手いわけです。なので、私たちにとってまず重要なのは学生という立場を使って支持を得ることで、次に重要なのが〝既存政党から発言権を奪う〟こと。

奥田　〝発言権を奪う〟というのは、要するに政治家たちは僕たちが重要だと思っている問題を取り扱ってくれないから、問題設定を自分たち自身で組み替えるということですよね？

周庭　そうですね。ある問題に関して、メディアで喋る機会を増やすことで、既存政党の発言権を奪うという。たとえば、日本のメディアが安保法制を取り上げようと思ったとして、今だったらSEALDsに話がいくわけじゃないですか。〝SEALDsと言えば安保〟〝安保と言えばSEALDs〟みたいなイメージをつくることに成功しましたよね。メディアにおける「この問題に関しては○○さんに話を聞こう」というイメージ。それが発言権です。だから、学生は運動を通じてメディアの目を惹き付けて、自分たちの意見を話す機会をつくる。それが、学生運動にとっては重要。メディアをどう利用するか、彼らにどう手伝ってもらうかについてはちゃんと考えるべきですね。そして、そういった行動を通して大衆からの支持を得る。そうす

（※17）ハンガー・ストライキ　Hunger strike＝〝飢餓によるストライキ〟という意味で、断食によって主張をアピールする手法。〝非暴力、不服従〟を掲げ、インド独立運動を展開したマハトマ・ガンジーによって始められたとされる。

れば、政党は自然に「この学生団体を支持します」と言ってついてくるようになります。

——それはまさにSEALDsがやってきたことでもありますね。

奥田　いや、周庭さんの言っていることはすごく正しいというか、メディアとの関係については、自分たちもまさにそれを狙ってやっているし。利用するつもりが利用されたり、あるいは、向こうが利用するつもりだったんだろうけど、それを逆にこっちが利用したりとか、いろいろあるわけですけど。それにしても……まだ19歳ですよね？　すごいな。

周庭　学民思潮に入った時は15歳です。黄之鋒さんは14歳だったと思う。

奥田　そうか……オレ、14歳の頃、何してたっけ。

SEALDs＝日本共産党？

周庭　ところで、政党との関係の話が出たところで、いくつか質問があります。日本ではどうやら、「SEALDs＝日本共産党」というイメージを持っている人たちがいるようです。私は日本の政治事情に詳しくないので、そこでまず思ったのは……日本人は共産党が嫌いなんですか？　ということ。

一同　（笑）。

周庭　ひょっとしたら、日本人は日本共産党と中国共産党を重ねて見ているのではないでしょうか。前者も後者と同じようなことをする政党だと捉えられていて、だから、印象が悪いのかなと思うのですが、いかがですか？

――ダイレクトで面白い質問ですね。

奥田 またオレが答えちゃってもいいのかな？　こいつ（牛田）に振ると、間違ったイメージを与えそうというか、何を言うか分かんないから。

牛田 オレも自分が何を言うか怖い（笑）。

奥田 まず、日本人の共産党に対するイメージは……はっきり言って、良くはない。というか、他の政党に比べたら悪いと思う。

周庭 〝共産〟という言葉のイメージが悪い？

奥田 そう。日本・中国問わず、〝共産〟という言葉に対して負のイメージがある。

周庭 日本人は「共産主義」というものをちゃんと知ってるんですか？

溝井 たぶん、ちゃんと知らない人が多いよね。

奥田 うん、ほとんど誰も分かってないと思う。

牛田 共産主義のイメージって……あ、いきなりごめんなさい。初めまして、牛田と申します。

周庭 （笑）。

牛田 で、日本人は〝共産主義〟って聞いた時に、頭の中に〝独裁者〟が浮かぶんですよね。スターリンだとか、毛沢東だとか、そういうものが共産主義なんだっていうざっくりとしたイメージだけで捉えられていて。

周庭　じゃあ、〝共産党〟じゃなくて〝社会党〟っていう名前だったら、そういう問題は起きない？　〝共産主義〟じゃなくて〝社会主義〟っていう言い方だったら。

――かつて、**社会党**[※18]は政権与党になったことがありますね。

奥田　たぶん、社会党の方が……いや、でも、やっぱりイメージは良くないと思う（笑）。

牛田　社会主義も共産主義もあまり印象は変わらない。

周庭　ということは、日本では左派の政党イコール独裁者というイメージになるんですか？

奥田　そう考えるとすごい変だよね（笑）。要するに、典型的な悪口みたいなことですね。右派がナショナリストと言われるように、左派への偏見として、共産主義者、もしくは社会主義者で、独裁的な政治を目指しているイメージが……実際に何を言っているのかは関係がなく、日本では、左派イコールそういうものだというステレオタイプが根強くあるんだと思います。

周庭　今、香港では〝**本土主義**[※19]〟がメインになり始めているんです。以前は運動を主導していたのは左派でした。そもそも社会運動自体が左派のものだった。ただ、一般市民にとっては別に左だろうが右だろうがどっちでもいい。そして、実際、香港の運動はそうなりつつあります。

奥田　日本でも、共産党の得票率は伸びているので、無党派の中で「こういう時代だし、しょうがないから、共産党のイメージとか関係なく投票しようか」って人も増えていると思います。僕らも最初はけっこう共産党と距離を置いていたし、デモにも絶対呼ばなかったから、感覚としてはそういう人たちに近いですね。ただ、今は共産党に限らず、社民党でも民主党でも別に関係なく、参加を呼びかけるし。右でも、左でも、とにかく政党は今の現状と向き合ってくれと、そういう動きが連鎖したんだと思います。

まあでも、日本はそもそも政治に関心がある人が少ないから、そこが結集しても全部がひっくり返るみたいなことはなかなか起きないですよ。選挙に行く人が投票権を持っている人の大体半分で、その中でちゃんと政治に関心を持っている人となると相当パイが少ないことは確かです。そして、政治に関心を持った人がちょっとインターネットで調べると、「SEALDs＝日本共産党」みたいなステレオタイプの悪口に辿り着いてしまう。政治に関心がある一般層がもっと厚かったら、「そういう悪口を言っている人たちって一部だよね」と言えるんだけど、パイが少ないから、多くの人がそう考えていると思ってしまいがちで。ただ、国民全体で考えると、気にしている人もそんなにいないんじゃないかなという気もするんですよね。

周庭　そういった、「SEALDs＝日本共産党」という偏見にはどう対応しているんですか？学民思潮も「とある政党がバックについているんじゃないか」と言われたことがあったんです

（※18）社会党　日本社会党。93年、細川内閣を擁する非自民系連立政権に参加。翌年、自民党、新党さきがけと連立政権を組み、委員長だった村山富市が内閣総理大臣に任命される。96年、社会民主党に改名。本稿を執筆中の2016年5月現在、議席数は衆議院＝2、参議院＝3。

（※19）本土主義　中央に対して、地域の自立性を主張する地域主義＝ローカリズムと同意。

が、どの政党とも距離をちゃんと保っていたら、最終的にはそれほど言われなくなりました。

奥田 ＳＥＡＬＤｓがどうしているのかというと……ＳＡＳＰＬの時はデモに政党を呼んだことは1回もなかったんですね。特定秘密保護法の成立後に始めた運動でしたし、政党もそれについては動いていなかったので。一方、ＳＥＡＬＤｓで安保法制の問題に取り組み始めた時は、まさに国会の会期中で、リアルタイムで議論が行われていたわけです。その中で、最初は最大野党（民主党）の党首でさえ「集団的自衛権はある程度必要だ」みたいなことを言っていた。だから、野党はちゃんと反対するのか、議会がちゃんと機能するのか、ということに僕らはすごく危機感を持っていて。で、僕らがやったことは、渋谷の街頭に人を集めて、野党を全党呼んだんです。要するに、そこには民主党の人もいて、社民党の人もいて、共産党の人もいて。でも、なぜかネットでは共産党の人の演説だけがアップされて、「やっぱりＳＥＡＬＤｓは共産党だ」みたいな話になる。典型的なネガティヴキャンペーンですよね。一応、僕らはデモの場にひとつの政党の人だけが来る状況を、一度もつくったことがない。政治家を呼ぶ時は、必ずいろいろな政党に来てもらうようにして、「特定の政党を応援しているわけじゃない」ということが伝わるように気をつけてきたつもりなんですけどね。これがなかなか難しい。社民党の大会に行けば「あいつら社民党だった」とか、民進党の結党大会に行けば「民進党から立候補か？」とか言われるし、まあくだらないなとは思うんですが。

周庭 問題は、学生組織と政党の繋がりが疑われた時に、政党側が否定しないことですよね。

彼らは、もし学生組織が成功したら利用しようと思っているわけですから。学民思潮の場合は、民主派となる政党の傀儡組織だと言われていたんですが、私たちが「違う」と言っても、政党側が否定しないので、なかなか疑念が払拭されないんですよ。そういった局面で、学生組織がどう対応していくのかはとても重要です。

奥田 いや、本当にそう。SEALDsはいちばんそれが大変かもしれない。向こうは応援したいと思ってやってるんでしょうけど、なかなか世間にはそう映らない。

周庭 学民思潮も、もちろん、いろいろな政党や団体とミーティングをしていますが、それはいちいち公開していません。今は学民思潮にも知名度があるから、「××と繋がっている」なんて疑いはかけられませんからね。ただ、SEALDsと同じ立場に置かれていたら同じようにバランスを取らざるをえないでしょうね。

奥田 僕らも、ロビーイングはほとんど非公開ですね。いつか、あの時こうだったとか全部話したいけど（笑）。

僕自身は、ホームページにテキストを書く際や、デモや集会でスピーチをする際も、「こういう言葉使いはあの政党っぽいな」「こういう論理立てはあの政党っぽいな」というふうに一言一句チェックして、なるべくそれらは避けています。歴史認識とか、何をキーワードにするかとか、分かる人にはすぐ分かるので。だからこそ、僕らは「憲法改正か、護憲か」みたいな党派性に回収されやすい主張ではなくて、「そもそも今回の安保法制の通し方は、立憲主義っていう民主国家にとっていちばん重要なコンセプトに反している」という、いろいろな立場の人が乗りやすい言い方で訴えてきました。廃案を訴える際も、「とりあえず今国会中は通さないでください」っていう言い回しにするとか。みんなが乗れるようなフォーマットにするには本当に苦労しましたね。

「知名度」という財産

周庭　なるほど。では、もうひとつ質問があります。知名度を貯蓄するのはすごく難しいことですが、SEALDsのような知名度があれば、それを利用していろいろなことができますね。だからこそ、今後について知りたいです。SEALDsの顔にあたる奥田さんは、どうしていきたいんでしょうか？　また、SEALDsは組織としてどう動いていくんでしょうか？

奥田　そうですね……年末、「今年（2015年）のニュースを振り返って」みたいな番組をやっていたら、必ずSEALDsが出てくると思うんですけど……。

周庭　（日本語で）リュウコウゴタイショウ！

一同　（笑）。

奥田　よく知ってますね（笑）。今年はそこまで知名度を上げることには成功したと。ただ、じゃあ来年（2016年）はどうなるかと考えると、楽観はできないというか。それこそ、知名度は貯蓄できないので、名前が覚えられているうちに新しいことをどんどんやっていかなきゃなと。「SEALDsの今後がどうこう」っていうよりも、「正しいこと」「今いちばん言わなければならないこと」を考えて、言っていく。それは、「SEALDsが〜」とか「学生が〜」みたいな括りじゃなくても全然良いし、特に2016年は夏に**参議院選挙**[※20]があるので、そこである程度の結果を出さないと、「今回の運動は政治にはまったく影響がなかったよね」と総括されてしまいかねない。ひいては「社会運動というもの自体に意味がない」と評価されかねないので、2016年は本当に――2015年よりもむしろ勝負の年だと思っています。結果ももちろんだし、選挙を通じて「何かが変わった」と思えるような動きにしないといけない。そのためには、まず、選挙の光景を変えないといけないと考えています。

最近、SEALDsから派生した動きとしては、〈**ReDEMOS**[※21]〉という、市民のためのシンクタンクを発足させました。デモで〝NO〟と言うだけじゃなくて、議会でちゃんと使えるような具体的な提言をしたいと思って、法律家と学者と僕たち学生とで立ち上げようということになって……というのも、今回の安保法制を巡る議会の運営の仕方にすごく不満があった

（※20）参議院選挙　2016年7月10日が投票日になることが予定されている、第24回参議院議員通常選挙。
（※21）ReDEMOS　2015年12月に設立が発表された、市民間の議論や、既存政党に対する政策提言を取りまとめるためのシンクタンク。代表理事に奥田愛基（SEALDs）、理事に中野晃一（安全保障関連法に反対する学者の会）、水上貴央（弁護士）が就任した。http://redemos.com/

のように市民の意見を聞く会があっても、都合良く決められてしまったりとか、地方公聴会の議論が反映されないまま法律が合憲か違憲かを判断する内閣法制局[22]の人事権が首相にあるんです。たとえば、新しい法律が合憲か違憲かを判断する内閣法制局の人事権が首相にあるので、都合良く決められてしまったりとか、地方公聴会のように市民の意見を聞く会があっても、それがちゃんと国会に報告されていなかったりとか。〈ReDEMOS〉を通じて、そういった問題を解決するための制度設計を考え直すことができればなと思っています。そもそも今までのシンクタンクって、特定の政党や企業のためのものばっかりで、市民運動から出て来たものがあまりなかったんですよ。

周庭　みなさんは今後、個人としてどうしたいか、未来設計はありますか？

牛田　未来設計か……すごい長い話になっちゃうな。僕はラッパーなんですが……。

奥田　運動の話じゃないんだ!?

牛田　いや、まずはそういった活動をしているので、もっと良い音楽をつくるのが目標です。

周庭　あはははは（笑）。

奥田　めっちゃウケてる（笑）。

牛田　あとは、学者を目指しているので勉強します。で、その勉強と関わってくることなんですけど、僕としてはこの世界のシステム全体が良くない未来に向かっていると思っているので、各国で連携して地球防衛軍的なものをつくれればな、**アベンジャーズ**[23]的なことができればな、と思ってます。

奥田　またややこしいことを。

「運動」の先に何を見るか

周庭 SEALDsの中には、将来、政治の世界で生きていきたいと思っている人はいますか？

奥田 「ゆくゆくは……」みたいなことを話しているやつがひとりふたりいるんですけど、現段階で公にしちゃうと、「じゃあウチから出てください」って、いろいろな政党から言われちゃうので……って、まぁ、こうして活字になっちゃってますが（笑）。そうだなぁ、たとえば香港のように、SEALDsとして政治家を立てたり、政党をつくったりということは、今のところ考えていないですね。それはやっぱり、何だかんだ言って、市民の立場から政治や政党に関わることに期待をかけているんですよね。政党ができてもそれを支える土壌がないと意味ないし。今みたいな、一人区・小選挙区で野党がバラバラの状況では、とりあえず野党共闘をさせるのが先だろう、と。でも、もしもそれが上手くいかなかったら……もしくは、いつまでも国会議員が国民の意思を裏切って、自分たちのことしか考えていないようだったら、それこそ自分たちで立ち上がらなくちゃいけないのかな、と香港を見ていて思います。**このあいだの**[※24]

（※22）内閣法制局　内閣の中に設置された、法案や法制に関する調査・審査を行う機関。
（※23）アベンジャーズ　アイアンマン、キャプテン・アメリカ、超人ハルクなど、個々に活躍していたコミック・ヒーローがドリーム・チームを組む作品。2012年より映画化。

選挙でも、雨傘運動に参加していた若者が何人も立候補して、結果を出したんですもんね？

周庭　んー……あんまり（笑）。区議選は政治的なものではなくて、区のサービスとかに関わることなので。２０１６年９月に**立法会**※25の選挙があるんですが、そちらが本番ですね。

奥田　香港では被選挙権は何歳からなんですか？

周庭　選挙権は18歳ですけど、被選挙権は21歳。ですから、黄之鋒さんがいま進めているのが、被選挙権を21歳から18歳に引き下げる運動で。

奥田　21歳でも高いと。ちなみに、日本では何歳から選挙に出られるか知っていますか？

周庭　選挙権は知っていますけど……。

奥田　選挙権は、最近やっと18歳になったんですけど、被選挙権は衆議院が25歳で、参議院はなんと30歳。

周庭　（日本語で）オジサン！

一同　（笑）。

奥田　だからＳＥＡＬＤｓにとって、選挙に出る話になぜリアリティがないかというと、単純にその年齢に達していないからという。今度、参議院選挙があるけど、出るには7年待たないといけない。そうなったら、確かにおじさんですね。

周庭　なるほど……。ところで、先ほどの〈ＲｅＤＥＭＯＳ〉について考えたことがあります。まず、シンクタンクをつくる際には理念や目的が確立していなくちゃいけないと思うんですね。

私も〈ReDEMOS〉のサイトを見たんですが、これを、どう〝運動〟に繋げていくかが重要だと思いました。たとえば、スペインのポデモス[※26]は、選挙運動の立ち上げ方を教えるサイトをつくっていて、「どうやって住民を集めればいいか」「どうやって宣伝をすればいいか」など、細かく書いてあります。そして、結果としてポデモスは選挙で成果を上げている。一方、日本において社会運動を行うことがすごく難しいことは分かっています。ただ、SEALDsのみなさんは、そういった国で、知名度を得ることに成功したのですから、それを運動へ繋げていくことが大切なのではないでしょうか。そして、その際には理念や目的がいちばん重要で。やりたいことが明確でなければ、〈ReDEMOS〉のようなシンクタンクは上手くいかない。

奥田　そのとおりですね。

周庭　シンクタンクを立ち上げること自体は素晴らしいのですが、市民の意見をただ収集するだけだとしたら、いち民間団体以上の影響力は持てないでしょう。

（※24）このあいだの選挙　香港で、2015年11月22日に投票が行われた、第5期・区議会（香港の地方議会）議員選挙のこと。雨傘運動後、初となる、香港全域が対象の選挙で、投票率は過去最高の47%だった。民主派は78議席から114議席（431議席中）へと議席数を延ばし、その中には〝傘兵〟と呼ばれる雨傘運動に参加した若者の候補者・8名も含まれた。

（※25）立法会　香港における立法機関で、日本における国会にあたる。

（※26）ポデモス　スペインの左派政党。既存政党に対して不満を持つ市民たちによって2014年1月に結党され、5月の欧州議会議員選挙で躍進、第4党となった。インターネットを積極的に使っていることでも知られる。

奥田　非常に厳しいご意見ですね。おっしゃることはよく分かるというか。ただ、今回（2015年）の夏のデモを通して気付いた問題や課題はたくさんあって。それまで問題とすらされていなかったことが、「こんな問題があるのか」「こんな問題についても、僕たちは考えなければいけないのか」という風にどんどんと浮き彫りになった。その延長線上で〈ReDEMOS〉をつくったので、やはり運動としてはSEALDsがこれまでやってきたことと繋がっているんです。もちろん単純に意見を収集するだけではダメなので、僕としては、立憲主義とか民主主義《デモクラシー》のプロセスにこだわっていきたいなと。つまり、いきなり選挙に役立つとか、そういうものを最初から想定していないんです。長い時間をかけて運動や知識の蓄積、法案や政策提言を作り上げていくイメージですね。

あと、スペインのポデモスは、僕もすごく意識していて。確かに、ホームページを見ると細かいところまでハウツーを公開しているのがすごいなと。僕たちも、そういうことをどんどんやっていかなければいけない。

ただ、〈ReDEMOS〉はまだスタートしたばかりで、まだYouTubeに毎週動画をあげるくらいしかできていないので、端から見ていて「全然これまでの運動と繋がっていないじゃん」と思われても仕方がないと思うので、今日、周庭さんに言われたことを課題として改善していきたいですね。実働していくのは、参議院選挙より後になるのかもしれません。

そもそも、日本では〝市民運動に力がある〟と思えたこと自体が、ここ数年の発見なんです。

市民運動が社会を動かす……ましてや国政や大きな選挙に対して影響を与えるなんてことはほとんど語られてこなかったというか、最近の市民運動が事例の研究論文もあんまりない。そんな風潮を変えようとしている。本当に日本では誰もやったことがないことなので、それこそ香港やポデモスを参考にしながら、これからもっともっと運動を盛り上げていかなければいけないと思っています。

——日本の場合、政策提言のような行動と並行して、「政治に対する関心を呼び起こす」というような基礎の基礎を固めなければいけない難しさがありますよね。

奥田　そうですね。それと、周庭さんの話を聞いていて良いなと思ったのが、何の引け目もなく「運動をいかにして大きくしていくか」という方法論を語るところ。それって、日本ではみんな語りたがらないというか。聞いてくる人も少ないし（笑）。ただ、運動の方法論をちゃんと確立させたり、シェアしたりすることは本当に必要だなと思いました。安保法制の問題点には着目されるけど、運動論だけにフォーカスしたものってあまりないですよね？

周庭　私も香港では語りませんよ。でも、日本《ここ》でなら大丈夫（笑）。

奥田　そういうことか（笑）。

周庭　それと、学民思潮はまだ何も成し遂げていませんし、私たちの目標のひとつはポデモスのような政党をつくることです。彼らのホームページを見て、香港にとっても参考にすべき点はたくさんあると思いました。香港は公民社会がすごく大きくて、民間の運動団体も多いんです。そして、その団体が右と左に分かれて、お互いに敵対心を持っている。だから、香港では、ポデモスのように様々な団体を繋げることはまだまだ難しい。だからこそ、まずは日本と香港の学生が交流をしながら運動論をシェアしていけたらと思っています。

また、今、お話をしながら私が考えていたのは、政治の世界では人物のイメージをつくることが非常に重要だということです。黄之鋒さんと私は、ハード（固い）面とソフト（柔らかい）面の両方を表現することを意識しています。ハード面というのは、議論の部分。たとえば「この分野に関してなら、この人に話を聞いた方が良い」というイメージをつくる。そして、ソフト面というのは、文化《カルチャー》や趣味の部分。たとえば、私は日本文化が大好きなので、日本のマンガやアニメを紹介したりしているんですが、黄之鋒さんもガンダムがとても好きで。さらに、自分は河童に似ているとアピールしているんですけど、確かに似ている。

奥田　はははははは（笑）。

周庭　やっぱり、現代の社会運動ではＳＮＳがすごく重要で……香港の場合はFacebookをやっている人が多いんですが、どうやってたくさんのフォロワーを集めて、どういったイメージで運営していくか。ソフト面とハード面の両方を表現しながら、自分自身の政治人物としてのイメージをつくり上げていかなくてはいけない。

――ＳＥＡＬＤｓのソフト面というか文化的背景《バックグラウンド》と言えば、牛田さんは音楽活動もしていますよね。それについて聞かせていただきたいんですが、そろそろ行かないといけないんですよね？

牛田 そうなんです。遅刻してきた上に、早退ですいません。これからアルバイトで。

――せっかくなので、最後に何か一言。

牛田 えーと、ソフト面も頑張っています。ラッパーとして（笑）。

周庭 SEALDsは、どうして、みんなこんなにラップが好きなんですか？

溝井 （笑）。

奥田 正確には牛田と僕ぐらいしか好きじゃないんですけど（笑）。たまたま前に立つやつがそうだったっていう。実際にはもっといろんなタイプの音楽を好きな子たちがいます。

周庭 SEALDsがTwitterに貼っているYouTubeを観てみたら、全部ラップでした。面白いと思いますけど、香港のデモではあまりラップはしないです。

奥田 いや、日本のデモでもラップはそんなにしないです（笑）。メンバーに牛田みたいなやつがいたからこうなったっていう。台湾の学生たちもロック系を流してたり、いろいろですよね。周庭さんのFacebookページではアニソンがかかってますけど。

――メディアではラップの側面ばかりが取り上げられますが、SEALDsにはオタクのメンバーもいるんですよね？

奥田 いますいます。SEALDsのデザインをやっている人たちに「なんでフォトショップとかイラストレーターを使えるようになったの？」と聞いたら、「同人誌を描いていたから」って。いわゆる腐女子だったみたいで、周庭さんも……。

周庭　（日本語で）ワタシハフジョシジャナイ！

一同　（笑）。

牛田　あと、今日、僕が話そうと考えていたことをざっくりとまとめると……香港で周庭さんたちがやられていることと、日本でSEALDsがやっていることって、必ずしも一国の問題のためだけではないと思うんですね。そして、それは、ポデモスにも言える。大きい視点でこの世界を見渡してみると、学民思潮もSEALDsもやっていることは同じというか、そういう意味では、仲間だと思うのでこれからも一緒に頑張っていきましょう。

奥田　本当にざっくりした話だな（笑）。

牛田　この間、セネガルの**クルギ**[※27]というラップ・グループが来日していて会ったんですけど、彼らもセネガルで僕たちみたいなことをやっているんですよ。やっぱり、全世界的にこういう運動って起こってきているんだろうなと。……というわけで、僕はこのへんで失礼します。

周庭　（日本語で）サヨナラ！

一同　（笑）。

（牛田が退席する）

中国という脅威

周庭 そういえば、学民思潮の他のメンバーが、世界各国の学生運動団体が集まる国際会議みたいなものに招待されて行ったんですね。彼がそこで聞いた話によると、ここ数年、全世界的に、既存政党への不信感が高まっていて、それが要因となって学生運動が始まることが多いとか。以前は既存政党が学生運動をリードするケースが多かったのが、今は違うと。

あと、アジア各国の学生運動の間では繋がりができ始めていますよね。香港、台湾、マカオ、日本。そして、それらの背景に共通してあるのが〝中国〟の存在です。香港も台湾もマカオも、逆説的に中国の影響力こそが運動をつくったと言えるのではないでしょうか。日本の安保法制も中国を意識したものですよね。ただ、これも、日本で香港よりも運動をやりづらくしている要因だと思うのですが……たとえば香港の運動が掲げているのは「普通選挙が欲しい」ということ。つまり、自国だけの問題です。一方、日本の安保法制の場合、自国だけの問題ではなくて、国際問題や外交が絡んでくる。そういう点では、日本の方が難しいと思うんです。

（※27）クルギ（keur gui） 西アフリカ・セネガル共和国のラップ・グループ。市民運動ヤナマール（セネガルの公用語であるフランス語で〝もううんざりだ〟の意味）を先導し、憲法改悪を阻止した。2015年11月に来日。

奥田　そうですね。やっぱり、今の中国のいわゆる覇権争いみたいなものに関してはおかしいと考えています。南沙諸島での行動ももちろんですが、ウイグルとかチベットで起こっていることは弾圧でしょう。そこで、中国が脅威じゃないかと言ったら、実際、脅威的な部分はある。今の香港で起こっていることにしてもそうだし、それに対しておかしいと声を上げるのは真っ当なことです。実は、ＳＥＡＬＤｓのステートメントでも何度か、中国に対して「自由や民主主義《デモクラシー》の価値をちゃんと理解して欲しい」と書いています。

逆に、なぜそんなことをステートメントで書かなければいけないのかと言えば、こうやって僕らが安保法制に反対すると言うと、「じゃあ、中国やロシアが今やっていることに対してはどう思うんですか？」とか、「じゃあ、アメリカとの関係はどうするんですか？」と突っ込まれるので、それに答えなければいけないわけです。

そこで、説明しておかなければいけないのは、すごく言い回しが難しいんだけど……日本特有の現象として、日本の市民運動が面白くないと思っている人たちと、香港の市民運動を応援している人たちって、実は層が被っているという……。

周庭　分かります（笑）。最近、私がFacebookで「ＳＥＡＬＤｓのみなさんと対談する」と書いたら、以前は雨傘運動を応援してくれていた日本の方々から批判のコメントがつきました。「周庭さんは共産党の女になったんですか？」みたいな。

奥田　あぁ、ネトウヨの洗礼を受けたんですね……。おつかれさまです。そういう意味では、安易に誤解されているというか。外交がどうこうと言う以前に、そこに住んでいる人たちの権利や自治を蔑ろにする国は民主主義《デモクラシー》国家ではないっていう思いは、学民思潮もSEALDsも共通しているはずなんですけど、批判している人たちはそれすらよく分かっていないというか。

周庭 (日本語で) メンドクサイ!

奥田 そうなんですよ (笑)。

周庭 彼らにとっては「国家の安全は、国民の権利よりも上」ということ?

奥田 安保法制の議論の時も「違憲かもしれないけど、現実的に必要だ」と政府関係者が言っていましたからね。それを支持する人はもっと偏っていてもおかしくない。国民の権利よりも権力の決定を重んじている部分はあると思います。こないだ、僕と同世代の実業家の方と話したのですが、彼は安保法制に賛成の立場で「最近の日本人は自分のことしか考えてない、怠けている人が多いから、教育勅語のような規律や、かつての国家体制みたいな強い権力が必要だ」と大真面目に語っていてびっくりしました。国家を維持するためには、「多少のことは目をつぶっても仕方ないでしょ」と思っている人はけっこういるのかもしれません。違憲か合憲かといった議論に関しては、僕らからすると、憲法は自分たちのものなんだから、改憲をする時や、これまでと違う解釈をする時は、国民投票をやって、国民に是非を問わないと絶対にダメだと思うんだけど、「いや、中国の脅威が迫っているんだから、そんなことをやっている場合じゃない」っていう意見がまかり通ってしまう。目の前の脅威——しかも本当かどうか分からない

――がすべてで、それ以外の、これまでのルールとか前提は参考にもしないし、眼中にない。

フランスの**国民戦線**[※28]とかアメリカの**ドナルド・トランプ**[※29]もそうですよね。つまり、他国の脅威を煽って、自国民の権利を「仕方がないよね」と諦めさせるナショナリズムのあり方。

周庭　もし、国家の安全が第一で、国民の人権は二の次だと思っている日本人がいるのなら、その人たちに言いたいです。その極端な例が、中国共産党。

奥田　そうなりますよね（笑）。これは、いろいろな憲法学者が指摘していることなんですけど、自民党が新しくつくろうとしている憲法って、個人の権利より公の利益が優先されるという点で、中国の憲法とかソビエト憲法に似ているんですよね。中国とか北朝鮮を批判しながら、同じような国になっちゃダメでしょう。今の安倍政権の論理は、相手の国が危険だからって、自分たちも同じぐらい強力なリーダーシップを持った国になりますというものですから。彼らは2016年には具体的に憲法改正を進めようとしていて、まずは〝**緊急事態条項**[※30]〟を新たに憲法に書き加えようとしています。それは、要は「国家の安全が脅かされる事態の時は、内閣に権力を集中させましょう」ということなんですね。この条項も安保法制の時と同じく多くの憲法学者が「必要ない」と反発しています。

周庭　彼らは憲法を改正する際は、手順をちゃんと踏まえてやるんでしょうか？

奥田　緊急事態条項に関しては「国民投票を通じて」と説明しています。ただ、安保法制の解釈改憲に関しては適切な手順を踏まえていなかった。法律家の9割以上がそう言っている。で、なぜ踏まえなかったかというと、議会で3分の2以上の議席を持っていないと、憲法改正ができないからってことと、国民投票という高いハードルがあったので、民意の5割以上を得ることができないと考えたってことでしょう。正攻法じゃできないからあのようなカタチになった。事実、世論調査でも反対のほうが上回っていたわけです。ただ、2016年夏の選挙で与党が3分の2以上を獲ると、民主主義《デモクラシー》の正当なプロセスを踏まえながら憲法改正ができるので、そういった国民に比較的見えにくく、一方で通りやすいカタチの改憲を探ってきている。しかし、憲法は国民からの命令であるという、憲法の基本概念を理解しない人たちがする改憲には、はなはだ疑問があります。彼らが今やろうとしているのはそういうことですね。

周庭 緊急事態条項というと、2015年に**似たような法律**[※31]がマレーシアで通りました。

奥田 憲法改正に関しては国民投票をやらざるをえないと思うので、その時は本当に日本の

（※28）国民戦線　フランスの右派政党。移民排斥を掲げ、支持を伸ばしたが、現在は主張を和らげつつある。

（※29）ドナルド・トランプ　アメリカの実業家。2016年、アメリカ合衆国大統領選挙の共和党予備選挙に立候補。当初は泡沫候補と言われていたが、煽動的な発言で支持を集め、本稿を執筆中の5月現在、事実上、共和党大統領候補の指名獲得が確定している。

（※30）緊急事態条項　自由民主党が憲法改正にあたって盛り込もうとしている条項。自民党案では、緊急事態時、内閣が国会での議論なしに法律と同等の効力を持つ政令を制定できるとされている。

（※31）似たような法律　2015年4月、マレーシアで可決された〈テロリズム防止法〉と〈煽動法・改正法〉は、人権侵害の可能性が懸念されている。

民主主義《デモクラシー》が試されるでしょうね。ただ、首相は「最終的に選ぶのは国民だ」と言うんですけど、「じゃあ、2015年の夏は何だったんだろう?」とも思うわけです。

周庭　実は中国の憲法というのは、すごくよく書かれた憲法です。でも、政府がそれに従っていない。もし正当に行使されていれば、中国は今のようにはなっていないでしょう。

奥田　その言い方、面白いですね。それを聞いて思い出すのは、マハトマ・ガンジーとか、それから、**マーティン・ルーサー・キング**[※32]などアメリカ**公民権運動**[※33]の動きですね。彼らは、「この国家を規定しているのは憲法である。しかし、その読み方をおまえたちは間違えている」「差別をしてはいけないと、既に憲法にはちゃんと書かれているのに、おまえたちがそれを守っていないんだ」という主張と共に行動していく。普通はこんなことなかなか言えません。差別されて弾圧されていたら、「アメリカは差別をするようなひどい国家体制だ、だから憲法もひどい」と否定的になりがちですよね。けれど「そもそも、自分たちはどういう者であるべきと憲法に書かれているのか?」と根本的に問い直していくことで、権力者を揺るがしていく。おまえたちこそアメリカ建国の理念に立ち返れとキング牧師は言うんです。ガンジーはもともと法律の勉強をしていましたし、裁判にかけられたときに「おまえの法に本当にそう書いているなら裁け」という趣旨のことを言っている。

「憲法をどうやって読むべきか」「我々の社会はどうあるべきか」、そこにもう1回立ち返ることは、保守/革新とか右翼/左翼みたいな二元論を壊すもので、だからこそ大事だと思うんです。

公民的不服従

周庭 マーティン・ルーサー・キングの話でいうと、〝公民的不服従〟[※34]という概念がありますよね。「憲法に基づけば、本来、法律はこうあるべきだけど、今はそうなっていないから、あえて既存の法律を犯して行動を起こす」という。ただ、その代償は大きくて、場合によっては逮捕されます。それって大変なことじゃないですか。日本でもそうだと思いますし、もちろん香港でもそうです。だから、デモを良くないと思っている人は、「学生がそんなものに参加していると、逮捕されて就職できないよ」と脅します。

奥田 どこかで聞いたことがある話だ（笑）。

周庭 日本には集会の自由があるので参加しただけで逮捕されるようなことはないでしょうが、

（※32）マーティン・ルーサー・キング（・ジュニア） アメリカの牧師で、公民権運動を先導。「I have a dream（私には夢がある）」というフレーズを繰り返す演説は広く知られている。68年4月に暗殺された。
（※33）公民権運動 アフリカ系アメリカ人が、公民としての権利の獲得と、差別の解消を求めて行った市民運動。55年にキング牧師が呼びかけた、白人専用席があるバスのボイコットに端を発し、64年の公民権法制定まで続いた。
（※34）公民的不服従 一般的には〝Civil disobedience＝市民的不服従〟と言われる。正義に反した法律には、非暴力でならば違反してもいいとする思想。

香港では3人以上の集会は申請しないといけないので。実際、私も一度逮捕されています。

奥田 えっ、そうなんですか。

周庭 学民思潮の中では少ない方ですが。ただ、今の香港の若い人たちは、逮捕されることよりも、警察の不正を心配しているんです。たとえば、雨傘運動に参加して、警察に指の骨を折られた人もいます。私の知人でも、指を3本折られて、病院に行って検査してもらって、またデモの最前線に戻ってきた人がいました。

奥田 映像でしか見たことないですけど、本当に凄まじい現場なんですね……。

周庭 不適切な法律があるから、警察が好きなように逮捕してしまえるんですね。そこで質問ですが、運動をする上で逮捕されることについてはどう思われますか？

奥田 それは悩んだというか……日本でも、夏の国会前に最大で12万人が集まった時、あれが完全に合法だったかというと、部分的には違法という解釈もできると思うんです。数時間ですけど、勝手に車道に出ていたので。まあ、溢れ出るしかなかったという解釈で、弁護士さん的には問題ないそうですけどね。

毎週金曜日にやっていた抗議デモに関しても、歩道を使っていたんですが、「歩道を使っていい」という法律もなければ「使ってはいけない」という法律もないので、いわゆる法律のグレーゾーンを利用していたんですね。だから、逆に言うと、いつ止められてもおかしくなかったし、逮捕されてもおかしくなかったかもしれません。とはいえ、極力逮捕されないようには気をつけていました。

　台湾のひまわり学生運動の人たちは、立法院を占拠《オキュパイ》した時に、「国会がちゃんと運営されていないんだから、憲法に基づいて、一定期間、国民である自分たちが国会を占拠《オキュパイ》し、正常になったら帰っていく」と主張していた。要するに〝公民的不服従〟ですよね。香港もそうだったと思うんです。僕らも頭ではその論理を理解できるんですけど、単純に言うと、日本で占拠《オキュパイ》をやってしまったら運動が広がらないと思ったんですよね。台湾とか香港では、警察に運動が弾圧されるとたくさん報道されて、ＳＮＳで支持が広がっていったわけですけど、日本の場合はその逆で、過激になればなるほど先鋭化され、離れていく人がいるし、冷めていく文化《カルチャー》な気がします。それは、60年代から70年代にかけて、学生運動が過激化した際に、国民の心が運動から離れていってしまった前例があるので。だから、自分たちはなるべく逮捕されないように気をつけていました。

周庭　かつては香港もそうでした。香港では毎年、7月1日にデモをやるんですが、その後、車道に出ていく人たちがいたんですね。それに対して、民主派を支持する市民たちですら「ダメだよ。やりすぎ。過激」と言っていた。「市民の邪魔をしてはいけない」とか、「タクシードライバーに迷惑がかかる」とか。ただ、そういった風潮は、運動を仕掛ける側によって変えていくこともできる。香港の場合、政府の官僚が馬鹿すぎて、質問にまともに答えてくれなかったり、そもそも回答を避けたり、普通の運動のやり方が通じないところがあるので、そういった事情を踏まえて、人々は徐々に、車道に出ていくようなちょっとした過激な行為も「そこまで悪くないんじゃない？　だって今の政府、全然話を聞かないじゃん」と受け入れるようになっていきました。そして、それが占拠《オキュパイ》に繋がっていった。

奥田　なるほど。

周庭　香港で最初に起こった大きな占拠《オキュパイ》は、2011年の**オキュパイ・ウォール・ストリート**[※35]に応じて、香港銀行本部の下を占拠《オキュパイ》した〝オキュパイ・セントラル〟。それを主導したのは左派の人たちで、彼らが掲げていた「資本主義を覆す」みたいな主張を理解した人はあまりいなかったため、そこまでは大きくなりませんでした。

そして、次に起きた占拠《オキュパイ》が2012年で、主導したのは私たち学民思潮。当時、香港政府の新しい本部ができて、この機会に何かしようということで計画したのですが、とにかく今までにない規模のものにしようということになりました。それまでの占拠《オキュパイ》は、単にデモが終わった後に何人かがその場に残るような、小さなものだったんですが、実際に私たちの占拠《オキュパイ》は香港史上最大のものになった。

いざ占拠《オキュパイ》をすると、その中で何が起きるかというと〝実践〟です。民主主義《デモクラシー》の体験と言い換えてもいい。もちろん、占拠《オキュパイ》の最大の目的は政府への圧力です。その扱いには難しい部分があるのですが、もし民意が占拠《オキュパイ》を支持しているのであれば、それは確実に有効な手法です。街頭を占拠《オキュパイ》して、市民に民主主義《デモクラシー》の〝実践〟に参加してもらうことで、「占拠《オキュパイ》ってそんなに悪くないことなんだ」「民主主義《デモクラシー》ってこういうことができるんだ」と知ってもらい、人々の考えを徐々に変えていく。雨傘運動の占拠《オキュパイ》の時は、現場で絵を描いていた人もいるし、畑をつくった人もいるし。

――占拠《オキュパイ》の中で、ある種のユートピアをつくり出すわけですね。

周庭 もちろん、占拠《オキュパイ》には過激な部分もあります。最前線にはバリケードがあって、警察の侵入を阻止したり。メディアにはそういった面が取り上げられがちなんですが、私たちとしては、占拠《オキュパイ》したエリアの中で自分が本当にやりたかった暮らしをやってもらいたかったんです。たとえばいま言ったように、ある人が畑をつくったのは、今の香港では街が全部高層ビルになっていますし、しかも土地の値段が高いので、香港人は畑がやりたくてもやれない。それと、占拠《オキュパイ》期間中は車道の上で寝泊まりをしていました。もちろん普段、車道というのは車が走る場所ですが、もともとは単なる土地なわけで「そこには様々な使い道があるんだよ」ということに気付いた。占拠《オキュパイ》が、ずっと圧迫されていた香港人の想いを解放できたのではないでしょうか。

奥田 それって、自分たちができることを探りながらやっていった感じなんですか？

（※35）オキュパイ・ウォール・ストリート　2011年9月17日にアメリカで発生した抗議運動。〝オキュパイ・ウォール・ストリート＝ウォール街を占拠せよ！〟〝ウィー・アー・ザ・99％（アメリカにおいて、国民の1％の富裕層が、国内の資産の多数を所有していることから）といったスローガンを掲げ、ニューヨークの金融地区・ウォール街を占拠した。

周庭 そうです。すべては模索しながらでした。実際にやってみないと、人々がどういう反応をするのかは分からない。場合によっては、「この運動は全然ダメだ」って嫌われることもあるかもしれないし。ただ、香港の背景としては、7月1日のデモを境に人々が過激なことに慣れ始めて、その流れの中で雨傘運動が出てきたんです。

奥田 日本でもあの12万人が帰らなかったら、数十日間は国会前を占拠《オキュパイ》できていたと思うんです。でも、僕らはたった数時間で解散宣言を出した。そこが香港との手法の違いですよね。ちなみに、僕は雨傘運動に感化されていたので、ひとりだけ国会前にキャンプセットを持って行ったんですが（笑）。

溝井 他のメンバーが「そんな無茶しないで」と止めて。

奥田 まあ、でも、歴史に〝もしも〟はないけれど、あの12万人が帰らずにあのまま国会前にいたら、相当すごいことになっていたと思うんですよ。

溝井 ただ、先ほども言ったように、日本では現状、占拠《オキュパイ》という過激な手法は受け入れてもらえないと思うので。

奥田 あとは、単純に、翌日もう1回集まる自信があったっていう。

溝井 「次の日もその次の日もまた来るよね？」って。

奥田 うん。各国を見てて占拠《オキュパイ》が難しいなと思うのは、「いつ解散するか」という問題で。香港でもそのあたりは難しかったんじゃないですか？

周庭 私たちも、毎回その問題で悩みます。どうやったとしても、絶対に批判があるので。「いつ解散するか」問題は、ある意味、学民思潮にとっての〝黒歴史〟です。

奥田 (笑)。

周庭 反愛国教育運動の時に、10日間占拠《オキュパイ》をして、「解散する」って宣言をしたんですね。理由としては、ハンガー・ストライキをやっていた先生の身体がもたなくなってきたというのもあって。あとは人気というか、一般の人々からの賛意も減っていたし、ムードも悪くなっていたので。でも、解散を決定したら内部からものすごく批判を受けたんです。その時占拠《オキュパイ》をしていたのは学民思潮だけではなく、他の団体もいろいろいて、毎晩のように会議をしていたんですが、そこで、解散しようと提案したところ、「確かにこれくらいが潮時だ」と支持する人もいた一方、若者からの批判がすごーくあって。

奥田 でしょうね。

周庭 本当にものすご――――くあったんです。

奥田 (笑)。僕らも、いつ解散するかは毎回本当に悩みます。

周庭 「こんなに上手くいってるのになぜ解散するのか」って批判されたりとか、名前をもじって〝解散思潮〟って呼ばれたりとか(笑)。そういう風に、運動においてコンセンサスを得るのは難しいですよね。もしかしたら、日本では、香港の社会運動が上手くいっているようなイメージがあるのかもしれませんが、実際はそうではない。たとえば、香港の占拠《オキュパイ》も終電には弱いんですね。

奥田　どの国も一緒だ（笑）。

周庭　みんな生活があるし、翌日仕事や学校があるから、終電に合わせて人がいなくなっていく。やはり、どうしようもなく時刻表には負けてしまうという。

奥田　若者は夜遅くから来るんですけどね。夜9時とか10時とか、バイトや学校が終わってから来て、「12時で終わります」って言うと、「いや、もう終電逃がしたんで」とか言われて……。

溝井　「朝までやってください」とか（笑）。

――日本人は礼儀正しさみたいなものを過剰に好むので、ＳＥＡＬＤｓが占拠《オキュパイ》をせず、掃除をして帰ったりしたからこそ、支持を得たところがあると思いますし、雨傘運動にしても「占拠《オキュパイ》の中で学生が宿題やっていた」というようなことが繰り返し報道され、真面目な学生がやっている運動、みたいなイメージが日本人にフィットしたのではないでしょうか。

周庭　日本のメディアは、香港の運動をすごくキレイに語りますよね。マナーの良さだとか。ただ、忘れてはいけないのは、誰かが警察に反抗して占拠《オキュパイ》を始めなければ、雨傘運動みたいな事態には至らないし、いくらメディアがキレイなところばかり映したとしても、実際には過激なことが起きているということです。

政治とデート

溝井 ところで、周庭さんに聞きたいことがあるんですけど、15歳の時からずっと社会運動をやっているわけじゃないですか。その中で、自分のプライベートと運動とをどう切り分けているんですか？ 私は疲れて「もう政治のことは考えたくない」みたいになる時があるんですけど。あと、デートの時に政治の話とかしますか？

周庭 私の場合、プライベートと運動にはそこまで境界線がないんですよ。いつがオフとかいつがオンとかではなくて、生活の中に溶け込んでるイメージというか。遊びの中にも政治的な問題はあるし、逆に運動の中でも遊べる、という感じです。それと、私はまだ恋人がいないので、むしろ、みなさんにデートの感覚を教えていただければと……。

一同 (笑)。

周庭 でも、メディアは有名人の恋愛の話が大好きなんで、パパラッチには気を付けないといけませんね。たとえば、黄之鋒さんが彼女と肩を組んで傘を差して歩いていただけで、記事になっていました。

奥田 僕も居酒屋とかキャバクラとか、そういうお店のお兄ちゃんに「SEALDsっすか？」って言われたりする……。

溝井　キャバクラに行くってこと？

奥田　違う違う！（笑）道を歩いてるとキャッチの人に声をかけられるってこと。僕を知ってて、「おまえ悪いことできないな」みたいな（笑）。周庭さんも大変ですよね。たとえば、ファンページとかあるじゃないですか？　周庭さんがやっているネットの生中継番組とかも観たことがあって……、有名人だっていうことにしんどくなる時もあるだろうなぁって。

周庭　でも、私にとっては楽しいことですよ。

奥田　さらけ出すのも楽しいと。いいなー。オレ、そこまでポジティブになれない（笑）。もちろん、楽しいことはたくさんあるけどね。

――溝井さんも、デモの告知画像で顔を出していますよね。

溝井　あれは、そもそも告知で使われる感じではなかったんです。ただ写真を撮られて、「これを使おうかな」って言われたから、「別にいいよ」って。私の場合、そこに楽しさはそんなにないんですけど……（笑）。でも、ＳＥＡＬＤｓは自分がやりたくてやっていることなので、嫌だということもなく。

周庭　私も「有名になりたい」とか、そういうことではなくて、この世界に入っていろいろな出会いがありましたし、いろいろなことを教わる機会もありましたし、「学民思潮に参加して良かったなあ」と思っていますね。たとえば、こういう風に日本に来るチャンスもあるし。

溝井　楽しいと思えるからこそ続けていられるという感じですか？

周庭 あとは、やっぱり、香港人として責任がありますよね。香港には相当馬鹿馬鹿しい政府があるので、もっと良くしていきたい。

溝井 もうひとつ、今日お話を聞いていて思ったのは、「中国と自分たちとは違う」という、香港人としてのアイデンティティが運動の根底にあるのかなって。

周庭 アイデンティティは政治運動をする上での重要な要因のひとつだと思いますね。もちろんそれだけではなくて、いろんな要因がありますが。政府の馬鹿馬鹿しさとか、警察の暴力とか……でも、おっしゃるとおり、最近の香港にとってアイデンティティはすごく大切。

溝井 一連の運動を通して、香港人としてのアイデンティティを持っている人が増えたということもあるんでしょうか？

周庭 そうですね。やはり、昔は植民地だったので様々なアイデンティティを持っている人がいたので。中国にアイデンティファイする人もいれば、イギリスにアイデンティファイする人もいた。でも、今は「自分は香港人だ」と考えている人が増えたと思います。たぶん日本にはそういう問題はないですよね。もともと日本人だから。香港は複雑です。

奥田 ただ、問題がないということは、考えずに済むということでもあって。先ほど周庭さんが「香港人としての責任がある」って言いましたけど、日本人はなかなかそういう考えに至らない。「日本人としての責任？ そんなこと果たさなくても、日本人は日本人でしょ」みたいな。

周庭 ただ、香港政府は日本の政府よりずっと馬鹿なので……。

一同　（笑）。

周庭　頭を抱えるような発言ばかりですよ。

奥田　日本にも、ハードディスクにドリルで穴を開ける人とか、下着泥棒をやってたらしい人とか、育休とって不倫してた人とか、いますけどね（笑）。政治の本筋とは違うんですけど。

いずれにせよ、自治と参加の感覚と言うんですかね？　自分たちの国のことや地域のことは自分たちで決めてもいいんだと理解して、それに対して参加することは重要だと思うんですよ。やっぱり、みんなでルールを話し合って決めたり、運営をする中でいろいろな問題にぶち当たって、それを解決するためにまたみんなで考えたり。そういう風に実際に参加しないと、民主主義《デモクラシー》は実感できないと思うんです。

そして、今、僕が思っているのは、ＳＥＡＬＤｓが闘っている相手は、安倍政権のようでいて、むしろそういった感覚がない人たちだということで。「そんなことやんなくてもいいじゃん」「誰かに任せとけばいいんだよ」みたいな感覚と対峙している気がするんですよね。忙しいし、しんどいこともたくさんある。パパラッチされたりとか（笑）。でも、民主主義《デモクラシー》に参加して、社会を自分たちでつくっていくことは、やっぱり楽しいんですよね。

周庭　もちろんそのとおりで、運動においていちばん難しいのは、車道に出たりとか、警察に突進したりとか、そういうことではない。難しいのは、組織をつくることです。あるいは、市民や学生を説得したり、教えたり、参加をさせることです。香港だって政治に無関心な人はすごく多くて、それを指して〝香港豚〟っていうような差別的な表現もあるんです。

奥田 動かないから豚ってことですか？

周庭 そうです。政治に無関心な人は馬鹿だから豚っていう。でも、私は、彼らを敵だとは思いません。むしろ自分には、彼らに香港人として政治に関心を持ってもらうよう、教える責任があると思っています。ですから、私は〝香港豚〟という表現は使いません。彼らに教えるのは大変ですが、そこでは、やっぱり楽しむことが重要なのではないかと思います。運動は楽しいですよ。でも、パパラッチは面倒臭い！

奥田 じゃあ、東京では羽根を伸ばしてもらって、みんなで遊びましょう（笑）。

（2015年12月28日 @太田出版会議室）

"永続敗戦"
終わらせるのは
太田出版です!

KIDS!

DIALOGUE 02

対話——2

社会運動の立ち上げ方

黄之鋒《ジョシュア・ウォン》

×

SEALDs

奥田愛基／牛田悦正

――SEALDsとアジアの新しい社会運動のリーダーたちとの対話、第2回は、前回の周庭さんと同じ香港・**学民思潮**[※1]から黄之鋒《ジョシュア・ウォン》さんをお迎えしました。

黄　周庭からお話はうかがっています。SEALDsのお兄さん、お姉さんと「お会いできて嬉しかった」「お話をしてすごくためになった」と言っていました。

――まずは前回と同様、お互いの運動に対する印象を聞かせてください。

牛田　僕が**雨傘運動**[※2]を知ったのって、ちょうど僕らが運動を始めた時期だったので、まずは年齢にビックリしました。すごく若い。黄くんも周庭さんも、なぜそんなに若い頃から政治に目覚めたのか、社会運動を始めた動機を知りたいですね。あとは、香港は日本よりも運動をすることの危険度が高いと思うので、覚悟がすごいなって尊敬しています。

黄　僕が政治に関心を持ったきっかけは……香港の人口って、今、730万人くらいなんですけど、毎年20万人前後がデモに参加しているんですね。**2003年7月1日**[※3]のデモなんかは、50万もの人が集まりました。まず、前提として、そういうふうに家族で揃ってデモに参加することが普通だという環境があります。それでも、僕みたいな学生がデモの参加者に留まらず、〝組織者〟になるのは珍しいことだと言えるでしょうね。

僕たちの親世代は、香港に対して〝お客様感覚〟というか、帰属心をあまり持っていないんです。「香港でお金を稼いで、いつかは移民をしよう」と考えている人たちが多い。でも、返還後に物心がついた僕らにとって、香港は生まれ育った場所だし、この場所が好きだから。僕たちの世代――もしくは、僕たちの次の世代のために、香港での政治的権利を確保したいという想いがあって、14歳の時に学民思潮に参加しました（2011年）。そして、**反愛国教育運動**[※4]（2012年）を経て、17歳の時に雨傘運動（2014年）を起こしたというわけです。

ちなみに、僕のSEALDsに対するイメージは、宣伝物のデザインがめちゃくちゃキレイ。あと、香港では「日本人は政治的に無関心」というイメージがあるんですけど、そんな場所で、こんなに大きな**反安保法制運動**[※5]を起こしたことにビックリしました。すごいなあと思います。

奥田　自分たちが若い頃は……って、黄くんの前だとおじさんっぽくなっちゃいますが（笑）。

（※1）学民思潮　↓周庭「対話1」参照。
（※2）雨傘運動　↓周庭「対話1」参照。
（※3）2003年7月1日　香港特別行政区基本法（↓周庭「対話1」参照）第23条では、国家転覆行為や国家反逆罪に関する法律を定めることが義務付けられているが、長年、放置されていた。しかし、03年、香港政府がその立法化に着手したことで、市民が反発。参加者が50万人に及ぶ反対デモが起こり、立法化は見送られた。
（※4）反愛国教育運動　2012年、香港政府が打ち出した愛国教育（↓周庭「対話1」参照）に対して、学民思潮（↓周庭「対話1」参照）がハンガー・ストライキ（↓周庭「対話1」参照）やデモの他、政府本庁前のロータリーを占拠して、結果、香港政府は法案を撤回させた。

だって、5歳違ったら小学校で言えば6年生と1年生でしょ。で、少なくとも、僕が10代の時にデモに参加しようという意識があったかと言えば、なかったわけです。日本ではそれが普通。だから、今、香港だけでなく、台湾でも日本でも、各国でまるで呼応するかのように若い世代がデモを起こしているけど、各国によってその背景は全然違うなと。また、背景が違うから、実際のやり方や、目標の設定の仕方も違ってくる。そのことは、周庭さんと話したときにも思いました。

香港の場合は、「学民思潮から政治政党をつくる」とか、「自分自身が政治家になる」という意識を持っているところが、SEALDsとは全然違いますよね。僕らは、「日常を維持しつつ、デモもやりたい」「自分たちが政治家になるよりも、既存の政党をちゃんとさせたい」と考えていますから。それはそれで間違っているとも思いませんが、黄くんや周庭さんは、そもそも民主主義《デモクラシー》のない状況で民主主義《デモクラシー》をつくりだそうとしているわけだし、牛田くんが言ったように、やはり気合いが違うよなと感じるのも事実です。

牛田　日本に関しては、いわゆる民主主義《デモクラシー》があるとされてきたが故に、それに甘んじてデモがなかったという状況だった……んじゃないかなあ。もちろん50〜60年代には盛んでしたが。逆に香港はもともと民主主義《デモクラシー》がない状態だからこそ、デモが起こりやすいんじゃないでしょうか。

――黄之鋒さんからは、そういった日本の状況はどう見えるのでしょう？　羨ましく思えるのか、あるいは甘えているように思えるのか。

牛田 ぜひ、批判を聞きたいですね。

黄 香港人がどういうふうに日本を見ているかというと、まず、「日本人は礼儀正しくて」「文明的で」というようなイメージがあります。一般的な香港人の感覚では、日本はとても良い場所だと思われている。たとえば、Facebookなんかでよくシェアされる日本についての記事を読むと、「日本の街並みはすごくきれいで、まるで天国のように素晴らしい場所だ」と。

奥田&牛田 （苦笑）。

黄 もちろん、それは真実ではないですよね。しかし、なぜそう思ってしまうのかというと、アニメなどのサブカルチャーは別として、一般の香港人が日本の〝政治〟を意識する機会がほとんどないからです。というのも、特に大きなことが起きるわけではないので。

奥田 なるほど（笑）。

黄 最近、日本で起こった政治的な事件で、香港のメディアが取り上げたものというと、SEALDsの反安保法制運動ぐらい。で、どうして、日本人が政治に関心を持たなくなってしまったかというと……やはり、60年代、70年代の学生運動の失敗が影響しているのかなと。そういう中で、日本は実質的に自民党による一党支配になり、外から見ると何も起こっていないよ

（※5）反安保法制運動　通称・安保法制（↓周庭「対話1」参照）の法案提出にあたって、様々な抗議運動が行われた。中でもSEALDsのそれは、政治に対して無関心だと言われていた学生によるものだったこともあり、大きな注目を集めた。

うに見えるのではないでしょうか。

　もちろん、一党支配は香港も同じなんです。香港にはいわゆる中国共産党はないのですが、傘下の親中派政党（民主建港協進聯盟）が香港最大の政治組織です。ただ、そういった状況下で、なぜ香港人は様々な反対運動を起こせるのか。あるいは、反対意見を持てるのかというと、まず大きいのはソーシャル・メディアの存在です。

ソーシャル・メディアと社会運動

黄　香港人はインターネットでニュースを読むことが多いんですが、そのネット・メディアの80〜90％が反中国共産党で、学生運動《ぼくたち》に同情的なんです。香港人全体でも、中国共産党に関して、反対派と支持派の割合は6：4。実質、反対派の方が多い。雨傘運動の際も、占拠《オキュパイ》を始めた最初の1週間の調査では、香港人の約30％がそれを支持していたという背景があって。そういった点は、やはり、日本と香港における社会状況の違いなのかなと思います。

　ただ、香港でも、10年前は学生が運動を立ち上げることは難しかったんです。既存の政党ががっちり噛んでいる運動が主流として存在していて、それとは違った運動を立ち上げても、誰も相手にしてくれない状況だった。

　では、なぜその中で僕たちの反愛国教育運動が成功したかというと、普段は親政府派の人でも、やはりどこかで中国共産党を恐れている部分がある。そういった心理をうまくつかまえることができたのと、そこにさらに、学生たちへの同情心も取り込むことで、ようやく一般の若者が政治的な舞台に立ち入ることができたわけです。

奥田 香港でも、ネット以外のメディアは「中国共産党がないと、香港はやっていけない」というような論調なんですよね？

黄 ええ。香港の紙メディアの約80％は親中国派です。ただ、誰も読んでいない（笑）。まずはそれがラッキーだった。ちなみにネット・メディアに僕たちの味方が多いのは、香港の保守派よりも、僕たちの方が早くネット社会に適応できたからだと思います。よく例に挙げるんですけど、保守派の人たちはいまだにInstagramが何なのか知らない。

奥田&牛田 （笑）。

黄 最近はFacebookよりもInstagramの方が流行っているのに、保守派の議員は知らない。他にも〝実況〟を知らなかったり、Livestreamを知らなかったり。そういった中で、僕たち学生組織がネット上で優位に立てているのかなと思います。

それと、香港には、欧米で国際的な話題として取り上げられやすいという利点があって。その理由は、対峙している相手が中国共産党だから。中国のことは各国が気にしているので、香港で何か動きがあると、海外のメディアは必ず飛びついてくれる。雨傘運動の際は、アメリカの雑誌『TIME』が2回取り上げてくれたのですが、そのうちの1回は**僕が表紙**[※6]だった。そのように、海外のメディアの支えがあったからこそ、学生組織が影響力を拡大できたという側面はあるでしょう。

奥田　なるほど。中国の覇権主義的な動きが今後どうなっていくのかを世界中が注目している中で、その構図の最先端というか、象徴のひとつとして香港が取り上げられたのだということはよく分かります。実際、雨傘運動は日本のメディアでもすごく取り上げられていたし、黄くん含め、関わっているみんながそのことに自覚的だからこそ、リリースも中国語版と英語版を同時に配信している。周庭さんのFacebookも、半分は母国語だけど、半分は英語。それってつまり、国内のことだけを考えているのではなく、「世界の中での香港の位置付けはこうなんだ」と把握した上で、自分たちでメッセージを発信しているわけで、すごいなぁと。

——SEALDsのデモや国会前抗議も、近年の日本の社会運動では珍しく欧米メディアに盛んに取り上げられていましたよね。それに関して戦略はありましたか？

奥田　それは、香港を見習ってやったことというか。Facebookや Twitterの英語アカウントをつくったり、英語でリリースを配信したり。あるいは外国人記者クラブのような、海外メディアが参加する場所で記者会見をやったり。そのあたりは香港の影響を受けての戦略ですね。

牛田　ただ、香港と違うのは、世界が日本のことを気にする以前に、そもそも日本人が世界に目が向いていない気がするんですよね。「海外メディアに取り上げられたから何？」みたいな感じで。

奥田　国内メディアで勤めている人にはインパクトあると思うけど、まあそこ止まりだよね。仮に自分たちが『TIME』に載ったとしても……。

牛田　日本人は「へぇー」みたいな（笑）。国内に関してそんなに効果があるわけではない。

黄　確かに、香港人は国際社会からの目を気にしています。香港って日本ほど面積が大きくないし、世界地図でも見つけづらいじゃないですか？　それでも香港という場所に国際的な知名度があるのは、裏返せば、それだけ欧米の金融や商業に依存しないとやっていけないからです。たとえば株式市場で言うと、ニューヨーク・ロンドン・香港はいつも並べられるんですが、この3つの市場が開いている時間を合わせれば、ちょうど24時間。それもあって、香港は重要な市場に位置付けられ、国際的金融都市（グローバル・ファイナンシャル・センター）と呼ばれている。

そうやって、香港人は国際社会を意識しているから、海外メディアに取り上げられることを喜ぶ。ただ、それには良い面と悪い面があって、たとえば雨傘運動でも「国際的な注目を集めたからもう終わりにしましょうか」、みたいなことになってしまう。僕がいつも言っているのは、国際社会からの支持や注目を集めるのは、あくまでも〝手段〟であって〝目的〟ではない。

確かに国際的注目を集めると運動はやりやすくなるし、香港のマスメディアが世論を操作しようと思っても、海外メディアを通してそれを押し返すことができる。僕も2015年はオッ

（※6）僕が表紙　米『TIME』誌2014年10月20日号。

クスフォード大学で講演を行いましたし、今年4月にはハーバード大学でやる予定ですが、それは戦略であって、運動の実質ではありません。香港は海外メディアに注目されることに気が向きすぎていて、実質的にやるべきことはまだまだ足りていないと思っています。

「おまえらは左派じゃない」

――ここまで、日本と香港の社会的背景の違いについてうかがってきましたが、黄之鋒さんがおっしゃっていたことでもう少し掘り下げてみたいと思ったのが、香港では保守派よりもリベラルの側がネットを使いこなしているという話でした。日本ではまた状況が違いますよね。

奥田　そうですね。日本だと、ネットがリベラルな方向に行っているかというと……。

牛田　日本はもともと、マスメディアがリベラル寄りで、右派の人たちが発言する機会がなかったんですね。それで、2ちゃんねるのような〝個人で発信できるネット・メディア〟が出て来た時に、日本では彼らがそれを活用して大きくなったという。

奥田　今、牛田が言った〝右派〟は、健全なナショナリストというよりは、排外主義者に近いイメージですね。フランスで言ったら**ルペン**[※7]とか、アメリカで言ったら**トランプ**[※8]とか。ヘイトスピーチみたいなものを許容したり、隣国の危機を必要以上に煽るような。日本では、そういった人たちが先にネットを活用し始めて、リベラル側は全然だったところで、SEALDsは

「リベラルが誰もやっていないなら自分たちでやろう」と考えたわけです。

牛田 日本の昔の左派は反資本主義的だったんですよね。おそらくSEALDsみたいにカッコいい広告をつくったり、マーケティングを考えたり、メディア戦略について考えること自体が「資本主義的で良くない」という意識があったんだと思います。

奥田 反資本主義的なのかどうかはともかく、社会運動は手弁当でピュアじゃないといけない的なノリは今でもあるよね（笑）。ニコ生とかで儲けていた在特会みたいなのもいるのに。

――まとめると、日本ではネット空間を右派から取り戻さなければいけなかった？

奥田 以前は、日本ではネットの政治利用というと、行き過ぎたナショナリストの人たちばかりがやっているイメージがあったんで、それだけなのはまずいだろうという感じでしたね。最近ではまた感覚が違いますけど。基本的にはまとめサイトとか、ニュースコメント欄とかは右寄りだったりして、なぜここまで偏った意見ばっかりSEOのトップにくるんだろうってのはずっと疑問でした。

牛田 ただ、ひとつだけ補足をすると、日本の保守派もInstagramを知りません。

黄 （笑）。香港のネット状況も日本と似ている部分があって、やっぱり、2ちゃんねるみたい

（※7）ルペン　ジャン＝マリー・ル・ペン。国民戦線・初代党首。現在は娘のマリーヌ・ル・ペンが党首を引き継いでいる。

（※8）トランプ　ドナルド・トランプ。↓周庭「対話1」参照。

な場所が存在するんです。〈Hong Kong Golden Forum〉というんですが、香港の場合、そこはやや左寄りの人たちが多かった。それが6、7年前の話。

ただ、現在の一般的な香港人の間では、段々と右寄りの思想が膨らんでいる。原因のひとつは中国人観光客によるいわゆる〝爆買い〟。もうひとつは、中国共産党の露骨すぎる香港への侵略。結果、「香港人は香港人、中国人じゃない」とか、「もしも香港が独立国家になったら、中国人たちには罰を与えなくてはいけない」というような、排外主義的な思想がインターネットに流れるようになっています。

その中で学民思潮の路線は、自由主義をベースとしてやや左に向いているのではないかと思うのですが、左派の人たちは、僕らのことを左側の人間だとは認めないんですね。それは、先ほど牛田くんが言ったように、彼らには反資本主義的な部分があって、学民思潮が、香港で若者に人気のある雑誌に広告を出したりするのが気に入らないんだと思います。

奥田　なんて雑誌ですか？

黄　『100毛』。この雑誌名も一種の皮肉なんですが、中国のインターネット工作員がひとつの書き込みに対して5毛（50セント）をもらっているっていう噂をネタにして、この雑誌は10ドルなので、〝100毛〟とつけたというのが由来。誌面も時事風刺の要素がたくさん盛り込まれているんです。僕自身もそこで写真を撮られて……。

奥田　ネタにされたりとか？

黄 というか、むしろ自らネタになっていて。そうしたら、左派の人たちからは「商業的過ぎる。そんなものは社会運動じゃない！」って。

奥田 やっぱりどこかで聞いたことある話だなあ（笑）。

黄 周庭も言っていたと思いますが、学民思潮は、Facebookなどを使ってメンバー個々人の知名度を上げて、メディアの中での発言力を強める戦略を取っているんですね。ただ、それは、左派の人たちからすると良くないことみたいで。たとえば、学民思潮はかつて30万人規模のデモをやって、カンパを募集したんですね。そこでいくら集まったと思いますか？ ——100万香港ドル（日本円で1千450万円以上）。

奥田&牛田 すげぇ！

黄 デモ終了後、高校生たちが10時間以上かけてお札を数えて「100万香港ドルありました！」。

奥田&牛田 （笑）。

黄 それも、左派の人たちからすると「草の根運動じゃない」「一般市民の目線じゃない」ということになる。もちろん、学民思潮は右からも好かれていないので、どちらかと言えば、孤立しているようなイメージを持たれています。

牛田 今の話、超共感できますね（笑）。

奥田 オレらも、右派からも左派からも、両方から文句言われるからね。

黄 僕が思うに、最近のアジアの若者の運動に見られる傾向としては、少数派の権利のために草の根で戦うよりも、「国家からの圧力に対抗する」という部分を重視しているところがあるのではないでしょうか。ご存知だと思いますが、最近、韓国で、台湾出身のＫ‐ＰＯＰアイドルのメンバーが「私は中国人であることを誇りに思う」と言わされた**事件**[※9]が起こりました。また、香港でも**銅鑼湾書店の失踪事件**[※10]が起こっています。こういった事件に際して、これまでどおり草の根で、特定の人たちのために声を上げるのではなくて、その背景にあるより大きな問題にこそ焦点を絞りたい。これは僕の個人的な感覚ですが、アジアの若者たちは国境を越えて、今そういったことに注目しているのではないでしょうか。

台湾総統選[※11]で**蔡英文**[※12]（ツァイ・インウェン）が勝った理由も、おそらくそう。ひまわり学生運動の後に**時代力量**[※13]という新しい政党ができて、蔡英文をバックアップしたのですが、彼らは旧来の左翼から「おまえらは左派じゃない」と批判されているそうで。時代力量が、少数派を支援するよりも、〝国家主権〟という問題に目を向けているのが理解できないみたいなんですね。

奥田　世界的に「**１％対99％**[※14]」とか言われている中で、「社会運動は少数者の代弁をするためにある」という定義自体が、もう成り立たなくなっていると思うんだよね。日本でも相対的貧困層が６人に１人で、若者の鬱屈がすごく溜まっていて。で、「若者は政治的に無関心だ」とか言われ続けてきたからこそ、これから「デモというツールで自分たちの想いを伝えるのもアリなんじゃない？」みたいな感じになってくると思う。

あとは、新しい世代の社会運動ってのは、保守性の中に革新性があったり、逆もまたしかりで、「守りたい」という感覚と、だからこそ「変えたい」という感覚、両方ともある気がするんだよね。既存の保守や革新という定義に当てはまらない。今、香港で起こっている運動も全部が全部革新的ではないし、かといって、保守的だったりナショナリズムだけでもないし、そういう新しい局面に来ているんじゃないかなと。

牛田 SEALDsにも保守的な側面はあるよね。

（※9）事件　2015年11月、韓国のアイドル・グループ〝TWICE〟が同国のテレビ番組に出演。メンバーがそれぞれ出身国の旗を持つというシーンで、台湾出身で16歳の周子瑜（ツウィ）が、中国が使用を認めていない台湾の国旗〝青天白日旗〟を持ったため、「台湾独立を支持しているのではないか？」と話題に。14日、ツウィが「大陸と台湾はひとつであり、私は中国人であることを誇りに思っています」と謝罪する動画がYouTubeにアップされた。

（※10）銅鑼湾書店の失踪事件　2015年10月より、香港の銅鑼湾地下鉄駅近くにある〝銅鑼湾書店〟の店長をはじめとした関係者が次々と失踪。その後、失踪者から家族に対して、無事であること、捜索届けを取り下げることなどを告げる電話がかってきた。同店は中国政府に批判的な書籍を販売していることで有名だった。

（※11）台湾総統選　2016年1月16日に実施。国会議員にあたる立法委員を決める立法委員選挙も同日実施された。

（※12）蔡英文　民主進歩党主席。2016年の台湾総統選で勝利し、女性初の台湾総統となる。

（※13）時代力量　➡陳為廷「対話5」参照。

（※14）1％対99％　オキュパイ・ウォール・ストリート（➡周庭「対話1」参照）のスローガン、〝ウィー・アー・ザ・99％〟のヴァリエーション。スーパーリッチと言われる人口の1％の人々が多くの富を所有し、対する99％の人々との格差が広がっていることへの、抗議のスローガン。

奥田　そうだね。

牛田　これまでの香港の政治風土は、ある程度リベラルだったわけですし、日本も、まぁ、括弧付きかもしれないけど、リベラルだった。それを守っていきたいという「普通の日常の肯定」みたいなものが両国の若者の社会運動に共通しているんじゃないかなとは思いますね。

黄　あるいは、先ほどの話の続きになりますが、香港、台湾、日本、マカオの学生運動に共通しているのは、メディアを巡る状況の違いはあれど、それらを使って、いかに自分たちを印象付けるか――そのブランディング効果を重要視している点だと思います。ただ、それをやると、左派の人たちからは批判されます。

奥田　ＳＥＡＬＤｓも同じだよね。テレビや雑誌で報じられているのを見た、旧来の左派の人たちからいろいろ言われましたもん。集めたお金で**新聞に意見広告**[※15]出したんですけど、思いっ切り怒られました。フライヤーやコールに英語使うな、とかね。

牛田　名前を〝ＳＥＡＬＤｓ〟って英語にしている時点で、「それは新自由主義《ネオ・リベラリズム》の精神だ！名は体を現す！」みたいなことを言われて。

黄　（笑）。

牛田　左翼からは「新自由主義者《ネオ・リベラリスト》」と言われ、右翼からは「中国共産党の手先」と因縁をつけられる。ＳＥＡＬＤｓのロゴのヘッドホンの部分が「これは毛沢東の頭に違いない」とか言われて。

黄 ひどいですね（笑）。

牛田 ひどいんですよ。

奥田 また極端な例だね。だったら、オレなんてフリーメイソンの手先とか言われたよ（笑）。まあそれはいいとして、周庭さんも「どうして日本人は共産党が嫌いなのか？」って聞いてて。日本の共産党って、歴史的には旧ソビエトとか中国共産党と関係があったけど、今はその路線から脱却してほとんど社会民主主義路線に行っていますよね。修正資本主義だし、自衛隊も当面認めているわけだし。ただ、名前が日本共産党だからということで……。

黄 日本共産党はどうして名前を変えないいんですか？

奥田 それ、日本共産党以外の人はみんな言ってます。怒られるかもしれないけど、国民党とか大衆党とかにしたらいいと僕は思いますよ。志位（和夫：日本共産党委員長）さんには冗談で「民主党が名前変えたら、共産党の名前を民主党にしましょう」って言ったこともある。「そりゃ無理だよ」って普通にかえされたけど。

黄 日本共産党の宣伝物を見ましたけど、**キャラクター**[※16]も可愛くて、全然共産党っぽくない。

奥田&牛田 （笑）。

（※15）新聞に意見広告　2015年9月15日、SEALDsは朝日新聞・朝刊に「民主主義は止まらない。」というスローガンを掲げた意見広告を出し、3日後に国会前で行われる、安保法制に対する抗議行動を告知した。
（※16）（共産党の）キャラクター　日本共産党のPRキャラクター・シリーズ〝カクサン部〟。

――周庭さんがFacebookにSEALDsと対談すると書き込んだところ、日本の右派と思しきアカウントから「中国共産党の女になったのか」というようなコメントがついたと言っていました。要するに日本では、反中国共産党という一点を持って、右派が学民思潮を支持するという、ある種のねじれが起こっているわけですが、そのことについてどう思われますか？

黄　どうでもいいというか、「好きにすればいいじゃん」としか言えません。僕のFacebookのコメント欄もすごく荒れているんですよ。ひどい時は、僕が「実はCIAのエージェントだ」とか、「アメリカ海軍陸戦隊の隊員だ」とか書かれていて。

奥田&牛田　（笑）。

黄　そのぐらいデタラメだから好きに言わせておくしかないんだけど、ただ、僕だって社会からコミュニケーションをボイコットされたら生きていけない。もちろん、学民思潮という組織も存続できなくなってしまう。なので、たとえ相手に嫌われていても、向こうが接触せざるをえないようなきっかけをつくらなくてはと思っています。

奥田　（牛田に向かって）よく聞いておいてくださいよ（笑）。

黄　香港は中国共産党に対抗しているっていうイメージを持たれることが多いんですけど、実際に香港のデモが勝利したことって、2回しかないんです。そのひとつは**香港特別行政区基本法23条**[※17]（国家安全法）に反対した**2003年の50万人デモ**[※18]で、もうひとつが僕らのやった2012年の反愛国教育運動。

つまり、今まで2回しか勝ったことがない、そのうちの1回は僕たち学民思潮が主導しているんですね。この影響力は戦略的に利用できます。たとえ左からも右からも嫌われていても、僕らが影響力を持っているから、一緒にやっていかないと相手の組織も存続できない、相手がコミュニケーションを取らざるをえない状況をつくり出すことができるわけです。

そこで必要なのはアウトプットとインプット。海外メディアで知名度を稼いで、香港社会に戻ってそれを使う。「自分たちは海外で影響力を持っているから、何かやる時に学民思潮を誘えば全世界で注目されるよ」といった風に。そして、自分自身がメディアになって、情報の発信源になる。今、僕個人のFacebookページで投稿すると200万人前後の閲覧記録がつくんですね。200万人といえば、香港の人口が730万人で、そのうち500〜600万人がインターネットをやるとして、香港のネット人口の3分の1ぐらいが見ていることになります。この影響力を駆使して、左とも右ともコミュニケーションを取っていかないといけないと考えています。

それと、左派/右派という区分とは別にやらなくてはいけないのは、いかに既存政党とバランスの良い関係を築けるかということで。新しく出てきた組織が、政治の中のシェアを奪って

（※17）香港特別行政区基本法 ↓周庭「対話1」参照。
（※18）2003年の50万人デモ ↓本章、〝2003年7月1日〟の項参照。

しまうと問題が起きがちなので。たとえば、香港には**社会民主連線**[※19]という政党があって、かつては大学生たちがたくさん参加していたんですが、学民思潮が出てきたことで、中高校生が僕らの組織にたくさん入ってしまった。で、大学生になってもそのまま学民思潮に残るから、社会民主連線に若者が入らなくなってしまった。ただ、そこで関係を悪化させるのではなく、ちゃんと話し合って自分たちの立ち位置を上手くつくっていくことが重要。結果として、社会民主連線と学民思潮はけっこう良い関係でいるんです。

あとは、最大野党との関係をどう築くか。香港にも**民主党**[※20]という政党があって。学民思潮に対する批判でよくあるのが、「民主党と近づき過ぎ」だと。

奥田　これもめっちゃどっかで聞いたことある話（笑）。

黄　一方で、民主党からは「おまえたち学生は過激すぎる」と言われたりする。そんな中でどうバランスを取るかということを考えています。

奥田　いや、もう、まさに、今の日本にそのまま置き換えられる。旧来の左派界隈の若者は社民党——元は社会党が受け皿となっていたのが、今はもう弱体化してしまっていて。で、最大野党が民主党。ただ、民主党は、もともとどちらかというと保守的な要素が強くて。

牛田　かなり、右派や新自由主義者《ネオ・リベラリスト》がいたりする。

奥田　それが野党ということで、たとえば共産党と同じ枠に入っている。で、次の選挙で1人しか当選しない枠に、野党がたくさん候補を出しても仕方がないので、その調整を「野党共闘してくださいね」と自分たちや全国の市民団体がやっているわけです。ただ、そこで「おまえらは民主党の応援団なのか！」とか「共産党の応援団なのか！」とか因縁が飛んでくるので、駆け引きが大変です。まあけど、諦めないぞっていう。僕らの場合は自分たちで政党をつくるわけではないので、リベラルの投票の行き先をコントロールしていく。各政党に「今の自民党に代わる、投票したくなるような受け皿として機能してください」と呼びかけている感じですね。だってそういう盛り上がるような選挙って、ここ数年なかったんですもん。

SEALDsが政党をつくる可能性

黄　そこで、どうして自分たちで政党をつくろうとは思わないんですか？

奥田　うん、今日はその話をいちばんメインにしたかったんですよ。日本では、2011年に原発事故があって、2012年に20万人くらいがデモに参加して、新しい政党をつくろうという動きも高まりました。けど、**あまりにもいろいろな政党ができす**[※21]

（※19）社会民主連線　香港の急進的・民主派政党。反中国共産党である一方、中国ナショナリズムを打ち出す。

（※20）（香港の）民主党　香港の穏健的・民主派政党。第3党にあたる。

（※21）あまりにもいろいろな政党ができすぎて　2011年12月から1年後の第46回衆議院議員総選挙まで、新たに7党が結党され、選挙は16党で争われることになった。

ぎて、結局全部、自民党に負けてしまった。1選挙区につき1人しか通らない小選挙区制度なのに、16個ぐらい政党があったんです。どれだけ政党をつくっても、野党がまとまらない限りは分裂してみんな負けるという反省がまずある。

あと、被選挙権が参議院は30歳、衆議院は25歳なので、若者が政党をつくることのハードルがすごく高いというか、参議院選挙に出るころには立派な社会人です。おまけに、衆議院だと選挙に数千万円から1億円近いお金がかかると言われていて、それを集めるのは、大企業とか労働組合がバックにいない限り難しいのが現状です。だとしたら、新しく政党をつくるよりも、既存政党にもう少し自分たちの言うことを聞いてもらう方が良いんじゃないかということ。

黄　とは言え、「いかに社会の中で影響力を持ち続けるか？」という問題があって。毎年毎年、社会運動が盛り上がるわけではないし、その中でＳＥＡＬＤｓが影響力を持ち続けるためには、やはり政党をつくるべきなのではないでしょうか。あるいは運動も持続していくにつれ、段々と財政や人事の問題に直面するので、市議会からでも参政した方がいいかもしれない。

実際、台湾の時代力量もいきなり立法院選挙に出たわけではなくて、最初は地方選挙に３人しか出ていなくて。ただ、そこで３人とも勝った。しかも、地方で20年以上議員をやっている**国民党**[※22]の人に勝った。香港でも、雨傘運動の後にできた新しい組織から立候補して、区議員になった大学生がいるんです。

そういう意味では、今、ＳＥＡＬＤｓが持っている知名度は武器になります。この基盤があるうちに出馬した方がいいかもしれない。仮に既存政党を説得して回っても、そのうち「なぜあなたたちの声を聞かなくちゃいけないの？　ただの学生でしょ」ということになってしまうでしょう。やはり、政党は市民の声よりも議席が欲しいわけで、だとしたら自分たちで政党をつくってしまった方が、話が早いと思います。

僕たちの場合は、雨傘運動で占拠《オキュパイ》をしている時に、毎日3、4時間、香港の最大野党である民主党と会議をやっていたんですが、いつも、「早く帰りなさい」「これ以上の占拠《オキュパイ》は止めなさい」と言われてうんざりしたんです。そういうこともあって、僕らが今やっているのが、被選挙権を18歳まで引き下げる運動。これを実現させて、自分で出馬したい。

奥田　確かにそれはチョイスのひとつとして考えなければいけないと思います。SEALDsメンバーの中には、「政治家を目指した方がいい」という意見を持っている人もいるんですね。一方、僕としては、最大野党がここからイニシアティヴを取って、台湾のように政権交代が起きる兆しが少しでもあるんだったら、そこに賭けてもいいかなと思っている。しかし、今のところはその兆しがあまり見えない。それどころか、「このままいくと**民主党が解党するかもし**[※23]

（※22）（台湾の）国民党　台湾の親中派政党。2016年1月の台湾総統選、及び立法委員選挙で大敗後、責任を取って主席を辞任した朱立倫に続いて、同年3月、女性議員の洪秀柱が主席に選ばれた。

（※23）民主党が解党するかもしれない　当対話後、民主党と維新の党が合流、2016年3月に民進党が結党された。

れない」という話さえ出たこともありました。そういった中で、この先もう一度、政党政治のあり方を考え直さないといけないと本当に思います。

ただ、それ以前の問題として、黄くんも言ったような「日本人は政治に無関心」というイメージの根っこには、「政治について話すのがタブーだ」という文化《カルチャー》がある。それに対して僕たちとしては、日常的に政治のことについて話せるような、あるいは、若者が政治に参加することが普通だと思えるような文化《カルチャー》をつくっていきたいし、政党をつくるよりもそっちに関心を持っているんですね。

黄　つまり、自分たちで政党を立ち上げるよりも、次の世代が政党を立ち上げられる文化《カルチャー》をつくってあげたい？

奥田　そうですね。**2012年の衆議院選挙**[※24]の投票率が59％だったので、そもそも41％の人は投票に行ってない。そういった状況では、自分たちが政党をつくったから問題が解決するものでもないと思うんです。政治に参加する文化《カルチャー》自体を、もう1回、つくり直さないといけない。

牛田　僕も基本的に奥田くんと同じで、文化《カルチャー》をつくっていきたい気持ちが強いですね。

奥田　そういう文化《カルチャー》がない中で小選挙区制度の選挙に参加して、たとえ勝ったとしても2期目が続かない……というのが民主党政権だったので。僕たちは、もうちょっと足場を固めながらやっていかないと。日本には選挙のためのシンクタンクもないし、社会のリソースがすごく薄いと思いますね。

牛田　たとえ政党をつくっても支持されないということだよね？

奥田　というより、支持が安定しない。一時的には支持されるかもしれないけど、何か問題が起こった瞬間に全部崩れてしまう。自民党が強いのは、組織基盤がしっかりしているところだから。そういうところから始めないといけない。

黄　たとえば、台湾の状況が参考になるのではないでしょうか。今は蔡英文が次期総統になって、彼女も所属している**民進党**[※25]が、議会で40%ぐらいの議席を握っているんですね。で、選挙にあたって、ひまわり学生運動の人たちが狙ったのは、民進党+時代力量の議席で過半数を超えることでした。

――新しく政党を立ち上げて、既存の野党と共闘する戦略ですよね。ただ、SEALDsとしては、政策提言のためのシンクタンク〈ReDEMOS〉[※26]を立ち上げたり、やはり既存政党に外側から働きかける方法がベターだと考えているようですが。

奥田　そうですね。世界的に見ても、ワン・イシューで盛り上がった運動が、そのまま選挙結果に影響した例ってそんなにないんです。もしくはエジプトのように、選挙には影響したけど

（※24）２０１２年の衆議院選挙　２０１２年12月16日に施行された第46回衆議院議員総選挙。結果、与党が民主党から自民党へと移った。
（※25）（台湾の）民進党　→陳為廷「対話５」参照。
（※26）ＲｅＤＥＭＯＳ　→周庭「対話１」参照。

すぐ元に戻ってしまったとか。だから、もっと国家の構造的な問題を見なければならないと思っています。

僕の中では〝民主主義《デモクラシー》〟って、制度だけじゃなくて、エートスというか〝能力〟みたいなものでもあるので。これまで、選挙活動に参加した国民がほとんどいないどころか、デモに来たことがある人も少ない国で、そういう能力をどうやってつくっていくか。そこを抜きにして、根無し草のような状況で政党を立ち上げても、日本では何の解決にもならないんじゃないかなと。実際、3・11以降の初の国政選挙である2012年の衆議院選ではそうならなかった。

黄　質問なんですが、〈ReDEMOS〉とポデモスって関係があるんですか？

奥田　やっぱり、そこが気になりますか（笑）。

黄　それと、〈ReDEMOS〉として、次世代のためにどういった活動をやっていきたいのでしょうか？

奥田　まず、〈ReDEMOS〉について説明すると、参加しているのは学者と法律家と学生で。学者は政策提言のための研究・リサーチ担当、法律家がそれを具体的な条文のレベルで書き起こす担当、僕たちは対外的な見せ方の担当。その役割分担で、「政策案としてこれをそのまま使ってください」と言えるレベルのものをまとめようと。実際に野党が使ってくれるかどうかは分からないけれど、すぐに使える形にパッケージしておくことは、次の世代のためになると思うんです。ちなみに、この間、周庭さんと被選挙権について話したこともあって、〈ReD

EMOS〉内で「被選挙権を引き下げるための法案」や「公職選挙法」について議論していま す。

ポデモスとの関わりでいうと、影響を受けているのはもちろん。トマ・ピケティ[※27]が解説しているように、これから中間層はどんどん小さくなり没落し、世界中で貧困格差が広がっていくと。一億総中流の時代とは真逆になるわけです。また格差は固定されて、金持ちの子どもは金持ちに、貧乏人の子どもは貧乏人になる。そうなると、民主主義《デモクラシー》は中間層がある程度いたから機能していたと言われていますから、段々と難しくなっていくわけです。社会の共通の「われわれ」という感覚はどんどん崩壊していくだろうし、教育や意識の差も広がっていく。

ポデモスは再分配の問題やこの格差の問題に真っ向から向かっているからこそ注目を集めていると思うんです。スペインでは特に、若者の失業率が5割という状態でしたから。そして、今後、日本でもそういう状況になってくるかもしれない。だからこそ新自由主義《ネオ・リベラリズム》ではない、「中道左派」くらいの路線を、僕らも探している。

黄　ちなみに奥田くん自身は、大学卒業後どうするんですか？

奥田　大学院に行こうと思っています。

（※27）トマ・ピケティ　フランスの経済学者。著書『21世紀の資本』が日本も含め、世界中でベストセラーに。オキュパイ・ウォール・ストリート（↓周庭「対話1」参照）にも影響を与えた。

黄　あ、やっぱりそうなんだ。

奥田　あともうひとつ、自分たちでメディアをつくりたいなと考えていますね。今の日本はあまりにも政治に対するハードルが高いので、コンテンツとしてもう少し普段から見やすいもの、それでいて利益も出せて回っていくものがつくれたらなと。先ほど話したように、左派は社会運動に関して「草の根じゃないと」という意識があまりにも強すぎますけど、もっと政治にお金を使うとか、それで商売をするとか、そういう分野でできることもあるはずなんです。大学院に行った後の話なので、もうちょっと先ですが。ただ、これも先ほど言ったように、この先、民主党がなくなっちゃったり、リベラルの受け皿が本当になくなっちゃった状況になれば、「やはり政党をつくらなきゃいけない」という話になるかもしれないんですけど。とりあえず今はそう考えています。

黄　学民思潮も、もともとは反愛国教育運動というワン・イシューのために立ち上がった組織なんです。だから、全称が「学民思潮 反愛国教育化連盟」なんですけど、長過ぎるので後半を全部取っ払った。で、反愛国教育運動には勝利したんですけど、その後、支持率が下がってきて。「じゃあ、どうする?」となった時に、〝学民思潮〟という名前を引き続き使って、次は普通選挙や民主的制度を求める組織に変わろうということになった。なので、成立のきっかけはＳＥＡＬＤｓと似ているんですけど、活動の継続を選んだことで、雨傘運動を主導した組織になれたわけです。

そして、被選挙権を引き下げてまで自分が議員になろうとする理由は、ひとつはこれまで話したとおり、議員になればそれなりの資源——簡単に言うとお金が手に入るからです。そうすると、スポンサーの顔色をうかがいながら運動しなくてもよくなる。ただ、そういう現実的な意味よりも、象徴的な意味の方が大きくて。「学生運動から議会に入った人間がいる」という事実が、将来に渡って「学生運動には影響があるんだ」と思わせられる、象徴的な意味を持つと思うんですね。だからこそ、SEALDsも、市議会でも良いので立候補した方がいいんじゃないかな、と。

奥田 なるほど。

黄 僕らも雨傘運動の後、わざといちばん嫌われている議員と同じ選挙区に学生を出馬させて、競い合わせて、勝ったんです。もちろん、区議会に一度くらい当選しても意味がないことはみんな分かっています。ただ、学生運動には意味があるんだと思わせなくちゃいけない。そのための出馬作戦でした。

一方で、僕らも〈ReDEMOS〉みたいなものをやりたいと思っていて。ただ、やったらやったで、政策をつくって差し出す立場になると一般の人たちと距離が離れてしまう。

奥田 そうですね。

黄 もちろん政策提言も必要ですけど、一般の人々から離れてしまうと支持率も下がってしまう。そうなると、せっかくSEALDsは社会運動を引き起こす力を持っているのにもったいないない。僕たちのような学生組織が、大衆の支持を維持しつつ次の段階へシフトしていくのは大変で、その点、香港、台湾、日本でお互い学びあえる部分があるのではないかと思っています。

奥田くんも牛田くんも政治に関わってしまったのだから、大学院に行って学生でい続けるか、出馬するかのどっちかしかないですよ。もちろん一般人に戻ってしまう道もあるけど、僕の経験上は……一般企業は雇ってくれない。

奥田&牛田 (笑)。

黄 もちろん自分も雇われたくないけど、向こうだって雇いたくないはずで。だから、先ほど「そうか、奥田くんは大学院に行くことを選択するのか」と思ったんです。

奥田 ひとつ付け加えておくと、〈ReDEMOS〉とは別に〝**市民連合**[※28]〟というものをつくっていて。それは、昨夏、反安保法制に動いた団体の連盟で、「無党派として、夏の選挙を応援しよう」という組織なんですね。で、SEALDsも市民連合の中心メンバーなんですが、今から選挙に向けて47都道府県を回ろうと思っています。いろいろな地域に行くと、「何かしたい」「選挙に参加したい」という人がたくさんいるから、彼らと一緒に今夏の参議院選挙を盛り上げられたらなと。ロビーイングをするだけじゃなくて、地域を回って実際に人に会う。そうして、数千人規模の集会を全国各地で成功させたら、状況も変わってくるんじゃないかな。あるいは、具体的な選挙参加マニュアルみたいなものもつくりたいですし。なので、SEALDsから〈ReDEMOS〉になって政策提言だけをやっていくわけではなく、社会運動は続けていきますし、市民共闘をさらに重視していこうと考えています。

我々は時代に選ばれし子どもたち

奥田　それと、僕からも黄くんに質問があります。ひとつ目は、議会に入ったとして、中国からの独立を目指すのか、それとも中国の一部のまま「香港としてのアイデンティティを認めてくれ」「地方自治を認めてくれ」と主張していくのか。ふたつ目は、議会に入ると「支持政党なし」という人たちは離れていってしまいかねないと思うんですけど、それをどうすれば繋ぎ止められると考えているのか。そして、議会制民主主義と直接民主主義の関係性についてどういうイメージを持っているのか、についても聞きたいです。

黄　今の質問に答える前に、ひとついいですか。先ほど奥田くんがプレゼンしてくれた〝市民連合〟の考え方はすごくスマートですね。学民思潮はここ1、2年ですごく知名度が上がったものの、それはメディア戦で勝っただけで、地方での影響力はそれほど持っていない。まぁ、

（※28）市民連合　正式名称〝安保法制の廃止と立憲主義の回復を求める市民連合〟。2015年に反安保法制運動を行った5つの市民団体（SEALDs、戦争させない・9条壊すな！総がかり行動実行委員会、安全保障関連法に反対する学者の会、安保関連法に反対するママの会、立憲デモクラシーの会）によって、同年12月に結成された。

実際には香港は狭いので地方が重要だというわけではないのですが、日本においては、全国を回ることで各地域での影響力を高めていく戦略は効果があると思います。ひまわり学生運動のリーダーたちも、立法院占拠《オキュパイ》の後に**島国前進**[※29]を立ち上げて、台湾中を回って意見を聞いてから出馬し、結果的に台湾で3番目の党になりました。

で、「出馬することによって、市民の支持がなくなるのではないか？」という質問ですが、僕としては、学生であることに固執しても意味がないと思うんです。一生、学生という身分でいられるわけではないんだし。だとしたら、今ここで議会に入って、人々に「こうやって政治参加ができるんだよ」と示した方が有意義なんじゃないか。

奥田　なるほど。

黄　「最終的に香港に何が必要か？」と考えると、それは一介の学生が成し遂げられることではない。それならば、思い切って議会に入ろうと決意したわけです。学民思潮を立ち上げて5年目ですから、僕は学生という身分を既に5年使っていて。今は大学2年生だからまだ2年使えるとはいえ、このあたりで政治に全力で関わった方がいいと思っています。

で、「議会に入って何を目指すのか？」という質問ですが、1997年の香港返還では、香港人に自決権がなかったんです。イギリスと中国だけで話し合って、香港人の意見は聞かれないままいきなり返還されてしまった。そして、「中国の1国2制度が50年間変わらない」という約束も、ご存知のとおり、現在ほぼ崩れかけている。それこそ銅鑼湾書店の失踪事件が象徴的ですが。こういった状況下で何をするべきかというと、返還から50年目で、建前上も1国2制度がなくなりかねない2047年までに、香港に自決権をもたらすこと。それが僕の今いちばんやりたいことです。ちなみにその結果、香港が中国の一部になるのか、それとも、独立するのかはまだ何とも言えないんだけど……。

奥田 それを決めるためにも自決権を持たないと、ということですよね。

黄 そうですね。香港に自決をさせてみて、結果どうなるかは分からないけど、まずは自分たちで決められる体制をつくりたい。少なくとも2047年以降、香港が自治権を持たずに中国に飲み込まれてしまうことは避けたい。そして、そのことに影響力を持とうと思ったら、学生のままでは無理。やはり常態的な政治勢力をつくらなくてはいけない。

香港の議会って、守るだけで攻めることが一切できないんです。攻めるというのは、たとえば議案を通すこと。実は、香港の**立法会**[※30]では討論された議案は公的なサービスに影響を与えてはいけないという決まりがあって。

牛田 めちゃくちゃだ（苦笑）。

（※29）島国前進　2014年5月、林飛帆（↓陳為廷「対話5」参照）、陳為廷など、ひまわり学生運動（↓陳為廷「対話5」参照）に参加した学生によって結党された。英語表記である〝Taiwan March〟の〝March〟は〝行進〟と、ひまわり学生運動が始まった〝3月〟を意味しているという。

（※30）立法会　↓周庭「対話1」参照。

黄　なので、いくら討論しても法的拘束力は一切ないのが現状なので、そこも変えなくちゃいけない。

そして、質問の最後、「議会制民主主義と直接民主主義の関係」についてですが、たとえ議会に入ったとしても、「ネットで1万人が賛成した議案は討論しなくちゃいけない」とか、そういう制度をつくって、市民たちの声を直接議会に届ける。そのように、議会に入ろうがデモをやろうが、民主性を高めていくことが重要だと思います。

奥田　ポデモスがやっているようなことも含めて、議会制民主主義を補っていく回路をもっと検討していかなきゃいけないということですね。日本の現状を見渡してみると、選挙以外で民主主義《デモクラシー》に参加できる回路があまりにも少な過ぎると感じます。ただ、逆に、そういう文化《カルチャー》をつくるために、立候補に関してももう少し前向きに考えてもいいのかなって率直に思いました。

――黄之鋒さんに説得されて？

奥田　そうですね（笑）。ただ、黄くんも自分が立候補するとなると、２０４７年のことまで考えなきゃいけなくなるわけで……ＳＥＡＬＤｓも仮に政治政党をつくったら、本当に一生の職業としてやらないといけないわけですから、軽々しくは言えませんけど。それと、学民思潮には5年の歴史があるからこそ、その考えに至ったというのは、大きな違いだなと。ＳＥＡＬＤｓは設立からまだ1年……？

牛田　いや、1年経ってない。時間の経ち方が濃厚過ぎて怖い（笑）。

奥田 2012年から2013年の学民思潮が、今のSEALDsって感じなのかなぁ。僕たちも、もっと先のことを考えないといけないですね。

黄 繰り返しになりますが、学民思潮を今後どう運営していくか考えると、それなりの資本や資金が必要なわけです。もしもそれらが潤沢にあったら雨傘運動も勝っていたはずなんだけど、なかったからこそ負けたので。で、長期闘争に備えて資本や資金を得るために議員になろうと考えました。ただ、組織としては、民主主義《デモクラシー》を発展させるための〝道具〟としての議席でなくてはいけない。議席獲得が〝目標〟になってしまったら意味がない。

奥田 まさにそう。

黄 これは、先ほどの議会制民主主義と直接民主主義の関係の話にも繋がるのですが、いま僕が考えているのが、クラウドファンディングを利用することです。出馬するにあたって、賛同してくれた人々からお金を集める。あと、クラウドソーシングと言っているんですが、人々が公共事業や資源の使い方に関して話し合えるプラットフォームをつくる。そうやって、民主主義《デモクラシー》を発展させていきたい。

もちろん、僕はまだ大学2年生なので、少なくともあと2年……留年しそうだから3年かな？（笑） まぁ、いずれにせよ、しばらくは学生なわけで。だから、今すぐに何かを決めなくてはいけないわけではないんだけど、選択肢は「やり続けるか」「いなくなるか」のどちらかしかないんです。

奥田　いや、すごいな。そして単位頑張ろうねお互い。オレも卒業できるかめっちゃ不安（笑）。

黄　ちょっとソフトな話なんですが、雨傘運動の時に、大学生5人と香港の政務長官でディベートを行ったんですね。そこで、「我々は時代に選ばれし子ども」と言ったんですが、この言葉の由来って『**デジモン**』[※31]なんです。

奥田　デ、デジモン（笑）。「選ばれし子どもたち」って、あの主人公たちのことか。

黄　1990年以降に生まれた子どもたちは、香港の前途を決めなくてはいけない立場なので、まさに、時代に選ばれた人々なんです。「それだったら仕方がない。選ばれた以上はやるしかない」と僕は考えていて。——日本のアニメは香港の子どもの価値観にすごく影響を与えていて、実際、僕も小さい頃は『デジモン』が大好きでした。

奥田　僕も好きでした。アニメの主題歌はカラオケに行ったらいまだに歌う。これデジモンの作者が読んだらめちゃくちゃ驚くだろうな（笑）。

黄　せっかくなので『デジモン』の話を続けますが（笑）、僕が反愛国教育運動で初めて学生運動に関わった時に、政府本庁前広場を10日間占拠《オキュパイ》して10万人が集まった。占拠《オキュパイ》期間は基本的にずっとそこにいたんですけど、たまに用事で、やむを得なく離れなくてはいけないこともあった。で、現場を離れて駅まで行って、乗車カードで改札に触れた瞬間、「あ……現実世界に戻った」みたいな落差を感じて。バーチャル・ワールドから、いきなり現実に引き戻されたような。つまり、『デジモン』みたいにいきなり選ばれて、違う世界で戦って、また現実世界に戻される、みたいな。そういう落差の感覚って、学生運動をやっている人たちはみんな体験することじゃないかなぁと。

奥田 それ、すげえ分かるな。オレも国会で公述人をやった後に、テレビで自分の姿を観てすごい変な感じだった。

黄 学民思潮って最大で500人くらいのボランティアを抱えていたことがあるんですが、最大野党の民主党のボランティアが約300人なんですよ（笑）。だから、このような大きな組織をどうやって運営していくのかも難しいですね。たとえばある日、ボランティアさんの両親から電話がきて「うちの子どもはどうなってるんだ」と言われたり。そこで、学校の先生みたいなことをやらなくてはいけなくなる経験もあったんだけど……現実とちょっとかけ離れた環境の中で、現実的な運営をしていくのはすごく難しい。

運動組織を維持していくために

奥田 本当に大変ですよね。僕らは何ヵ月も占拠《オキュパイ》したわけではないけど、ふたりとも数十万人

（※31）デジモン 「デジタルモンスター」。1997年に発売された携帯ゲームで、その後、カード・ゲームやテレビ・アニメ、映画など、さまざまなメディアで展開された。

のデモの最前列にいて、国会前の歩道から道路に出る時はやっぱり怖い。「どうなるんだ？」みたいな。その数十万人をマネジメントして、解散まで持っていかないといけないし、翌週もまたやるっていう風にオーガナイズしないといけない。

SEALDsメンバーは東京で200人くらいだけど、いつもみんなが動けるわけじゃないし、気分の上がり下がりもあるし、政治的な状況もあるし、それこそ親との関係みたいなプライベートな事情や、そいつらの将来も含めて考えなきゃいけない……というのはものすごく難しいですよね。もちろんチャレンジだし、面白いことでもあるけど。

その点、学民思潮がどうやって組織マネジメントをしているのかは気になります。リーダーを決めて、トップダウン式でやっているのか。それとも、小さいグループをつくって横並びでやっているのか。メンバー同士で喧嘩しないのか、とか。

——SEALDsはトップダウン式ではなく、横並び式であるところが新しいと言われていましたね。

奥田　そうですね。僕らは明確なリーダーを決めていなくて、できるやつがやる。スピーチが上手い人はそれをやるし、デザインが上手い人はそれをやるし。それぞれがゆるく繋がっているコミュニティというか、無理な時は無理だって断っていいんだけど、できるだけみんなで助けあおうよ、くらいの組織。あまりかっちりしていない。

牛田　そう。組織よりも個人の方が重要であって。むしろ、個人として自立していないやつはダメだっていうか。SEALDsに依存することを良しとしない感じですね。

奥田 一応、〝デザイン〟とか〝インター（ナショナル）〟とか〝SNS〟とか、班が分かれていて。最初に「どこ入りたい？」って聞いて、自分がやりたいグループに入ってもらって……というふうに回しているんですけど。ただ、それが確固たるコンセプトというわけではなく、昨年の夏は緊急事態の中で集まったようなところがあったので、まだ組織体系が固まっていないというか、正直「ゆるいな」と思いながら試行錯誤を繰り返している感じですね。

黄 では、特に役職があるわけではない？

奥田 〝デザイン担当〟みたいな役割の中に責任者とかリーダー的な存在は作るけど、その人が全部を管理しているわけじゃない。

牛田 だから、そこは考え直さなきゃいけないと、最近は思ってる。

奥田 そうね。やりたい人がやって、途中でその人が就活があるからって抜けたりとか、そういうことを全部OKにしていると、ノウハウが全然継承されていかない。組織として持続させるためには、ある程度、固定されたメンバーでやらなければいけない部分もあるから、本人がやりたいこととは別に「ごめん、今回はこの件をやり続けてくれない？」と言わなくてはいけない場面もあって……毎回どうしようか悩みますね。

牛田 このやり方だと責任の所在が曖昧になることもあるんですよね。

黄 あの、いいですか？　組織化は、非常に、非常に、非常に、非常――――に重要です。

奥田　めっちゃ重要だ（笑）。

黄　学民思潮ができて1年目の頃は、今のＳＥＡＬＤｓと似たような感じで、けっこう自由だったんですけど、メンバーが増えてくると次第に問題が出てきました。たとえば今、正式メンバーは２００人いるんですけど、会議をやろうにもなかなか揃わない。学民思潮の会議は１週間に1回、土日を使って6時間やるんです。もちろん全員が来るのは難しいし、そもそも６時間って言ったら「毎週の土日が潰れるじゃん」「プライベートがないじゃん」みたいな。とは言え、会議には50人くらい来るものの、毎回その参加メンバーが違う。そうすると毎回同じことを言わなくちゃいけないし、そんなことをしていたら情報が漏れてしまう。

奥田　勉強になるね。

牛田　オレ、ＳＥＡＬＤｓの問題点としてそれをずっと考えていたから、本当にそう思う。

黄　それらの問題を解決するために、学民思潮は役員制を導入しました。ただ、役員が固定化することで起こる問題もあります。ある人がメディア担当としてずっとやっていると、彼が組織の顔になってしまって、もしも何か問題を起こしたとしてもポジションから下ろせないことになってしまう。そこで、役員は定期的に入れ替える。僕は〝招集人〟なんですが、周庭はかつて〝スポークスマン〟をやっていました。

学民思潮の会員大会で投票をして、常務役員が20人選ばれ、主にメディア向けの仕事をする。その他に秘書所があって、そこが会場設営やマイクの設置をやる。常務役員会議が１ヵ月に４

回で、秘書所の会議が1ヵ月に1回。今は毎年ひとり新人を育て上げることを心がけてます。

奥田　ちゃんとしてるなぁ。

黄　役員制度の良いところは、たとえば政府がある議員を通して「ディベートをやりましょう」と連絡してきたとする。この情報は最高機密じゃないですか。それを２００人全員に言ったら確実に漏れる。そこで僕が採った戦略は、民主的制度で選ばれた20人の常務にだけ伝える。そうすることで、情報が自分に伝わってこなくても「(自分の選んだ)××さんに任せているから大丈夫」という風になる。

実際、これまで、学民思潮においてどういった問題で組織内投票が必要だったかというと、「占拠《オキュパイ》をするかどうか」。あと、「ハンガー・ストライキをやるかどうか」。こういった重要な決定が事前に漏れると大問題になります。それこそ、警察に伝わったら終わり。そういう面で、組織化は非常に重要です。

奥田　今、学民思潮はうまく回っているんですか?

黄　ＯＫ、ばっちり。

奥田　(笑)。

黄　ワン・イシューで集まった組織は、そのイシューが終わった瞬間に「じゃあ、これからどうする?」ということになりますよね。僕たちも雨傘運動の間はすごく忙しかったんだけど、終わったらいきなりバカンス状態。でも、事務所を借りているから家賃は払わなくちゃいけない。何かしらやり続けなくちゃいけない。そこで出てきたのが、組織化という考え方でした。もちろん、始まったばかりの時は「リーダーをつくらず平等に」とか「みんなが自発的にやろう」ということで回せるんだけど、人数が多くなっていくにつれて、それが不可能になっていく。せいぜい10人20人の小さい組織だったら話は別ですが、学生運動なら100人以上は当たり前だし、実際、50人で会議をやっても成り立たないことに気付いた。

ただ、学生組織を運営するにあたって、たとえば政党から組織の運営方法を学ぶことはできません。自分たちで模索するしかない。これは、僕をずっと悩ませてきた問題で、今はこういう体制に落ち着いたんですけど、ここまでくるのに4年かかりました。

牛田　僕たちもいますごく悩んでいるところです。

黄　絶対に常務役員会を設けたほうが良いと思います。

——年齢は黄さんの方が下でも、運動面では先輩ですから学ぶべきことが多いですね。

牛田　今、超啓蒙されました。

黄　SEALDsは大学生がメインですが、学民思潮は中高生を対象にしている組織なので、13、14歳の子が入ってきて、さあどうする⁉　みたいな。

奥田　それは想像するだけで大変そうだ（笑）。

黄　中学生が入ってきて何がいちばん大変かというと、恋愛絡みのトラブルにも対処しなくてはいけない。たとえばカップルで入ってきたのに、別れたら2人とも来なくなるとか（笑）。

そういうことがすごく悩ましい。

奥田 オレもたまに、謎の恋愛の仲裁するから気持ちは分かる。本当に心が荒むよね。でも、10代20代の子たちがいたら、どんな組織でも絶対に起こる問題。

黄 組織は、1年満たないうちはまだハネムーン。そこから矛盾がいろいろ浮き上がってきて。ネットでメンバー同士が言い争ったり、他のメンバーの悪口を書き込む人間が現れたり。だいたい1年目くらいが山場だと思います。

奥田 じゃあそろそろだ……(笑)。ちなみに周庭さんから、黄くんが最近ゴシップを書かれたって聞いたんですけど、やっぱりそういうことには気をつけますか?

――奥田さん自身もそれに悩んでいる?

奥田 はい。すぐネタにされちゃうので、うかつなことはできない。黄くんの場合は、恋人が同じ学民思潮内にいると聞いて、デートとかどうしてんのかなって気になります。

黄 奥田くんは彼女いますか?

奥田 います。

黄 SEALDs内ですか?

奥田 関西の方に。

黄 ゴシップも書かれるし、批判も受けるけど、それを跳ね返すには、まず、はっきりとした目標を持っていなければいけない。そうすれば、「自分が今やっていることは間違いではない」

と認識できる。あと、外野からの批判に対して言い返すのではなく、今後の行動でちゃんとしていることをアピールすれば、批判は減っていくと信じています。

同年代で、奥田くんや僕の代わりができる人はいない。僕たちは、自分にしかできない仕事をやっている。だからこそ、まず自分で、自分が今やっていることを肯定しないといけない。もちろん、いろいろ話していると間違えてしまうこともあるし、批判されることもある。ただ、そこで「もうやる気が出ない。止めようかな」となってしまうのではなくて、「話し方は間違えたかもしれないけれど、行動に間違いはない」。そういう風に自分のやっていることの価値を、自分自身で認めることが大事なんだと思います。

今回、日本に来る時も、飛行機でキャビンアテンダントさんに「ちょっと来て」と言われて行ったら、スタッフ全員と記念撮影をする羽目に（笑）。こういうことが生活の一部になっている。僕の場合は14歳の頃から始まっているわけですが。

奥田　そうかー。めちゃくちゃおつかれさまです。

黄　それが日常です。香港にはスラングがすごく多いのですが、大勢の人の前では言えないとかね。まぁ、たまに言っちゃうけど。

奥田　オレもよく失言して産経新聞に書かれるから（笑）。

黄　もちろん疲れることはあります。でも、少しずつ慣れる。僕は今、おそらくデートの数時間以外はずーっと社会運動に関わっている。

奥田 まぁ、でも、デートの時間はあるわけですよね。逆に、デートの時間は大事だということを再確認しました（笑）。

黄 デートは大切ですね。彼女にしょっちゅう言われるのが、「デート中は携帯を見ないで」「運動のことは忘れなさい」って。

奥田 同じこと言われる！ めっちゃ分かる（笑）。

黄 あと、究極的な質問があって、「社会運動とあたしどっちが大事⁉」みたいな（笑）。

奥田 それ、オレも先週言われた……。

黄 「彼女に決まってる」と言いましたけどね（笑）。

奥田 もちろんです（笑）。

（2016年1月28日午後 @太田出版会議室）

DIALOGUE

03

対話 —— 3

東アジア
学生ネットワーク

黄之鋒《ジョシュア・ウォン》

×

SEALDs

奥田愛基／牛田悦正

——先ほどの対話で話し足りなかったこと、後から疑問に思ったことなどはありますか？

牛田　そうですね……**雨傘運動**[※1]と華僑ネットワークのようなものの関係、が気になります。

黄　1997年の中国返還直前に（香港から）外国に逃げた人たちがたくさんいて、それら海外移民者は、香港の運動にとって大きな存在でもあります。雨傘運動が始まった初日に、世界各国の中国領事館前でデモが行われました。特にアメリカ、イギリス、カナダではたくさんの海外在住香港人が集まった。

ただ、良くない影響もあって、いまだに彼らをお手本として「いつ移民してやろうか」と本気で考えている（香港在住の）香港人たちがいる。もちろん、今の若い世代はそんなことは考えていません。なぜなら、移住するお金がないから。学費すら払えないのに、移住なんて夢のまた夢です。

牛田　上の世代と若者の間に格差があるということですか？

黄　そうですね。どうして僕たちの両親くらいの中年世代にお金があるかというと、かつてその世代が家を買うときは1千万円くらいだったんです。ところが、今では同じ家が1億円。物価が10倍くらいになっていて、お金が若者のところに落ちてこない。家賃だけで給料の半分を持っていかれる状況で、移住なんてできるわけがない。

奥田　じゃあ、若者たちはやっぱり鬱屈としている？　日本のイメージだと、中国は近年、急激に経済が成長していて……まぁ、今またちょっと株価が下がってるけど、まだまだ若者は未来への可能性みたいなものを感じているんじゃないかと。片や日本は、僕らが生まれた時には既に良い時代が終わっていた。それも背景の違いなのかなと思っていたんだけど、香港の場合は似たような状況でもあるんだ？

黄　たまに考えるのは、経済が悪いから社会運動に参加しているのか、それとも、経済が良いから社会運動に参加する余裕ができているのか。たとえば香港では「もし失業率が30％まで上がったらものすごく大きな運動が起きる」と言われるのですが、本当なんだろうかと。

奥田　日本の場合は逆で、60年代、70年代は運動が盛り上がったんだけど、１９７３年にいわゆる**オイルショック**[※2]が起きたあたりで、ちょうど左派が過激化して。で、「あんなものに関わるくらいなら、経済のことだけ考えた方がいいや」とみんなが思い始めて、そこからは安定した経済成長期に入るっていう。

牛田　ただ、今は世界的に見ても、新自由主義《ネオ・リベラリズム》と新保守主義《ネオ・コンサバティズム》がセットで考えられている。結局、

（※1）雨傘運動　↓周庭「対話1」参照。
（※2）オイルショック　70年代、原油価格の高騰によって起こった世界的な混乱。第1次オイルショックは73年、第4次中東戦争をきっかけに、第2次オイルショックは79年、イラン革命をきっかけに起こった。

新自由主義《ネオ・リベラリズム》によって格差が広がって、その貧困層が新保守主義《ネオ・コンサバティズム》に回収されてしまう。そして、経済的に余裕のある層が「そういう回路はいけない」って、新保守主義《ネオ・コンサバティズム》に対抗しているわけだけど、根本的に解決すべき問題は経済なんじゃないかっていうのが、僕のざっくりとした理解で。あと、日本の場合、完全にその構図があてはまるわけでもない。むしろ裕福な人がネトウヨだったりするから。

奥田　スペインは貧困層が多くなって左翼政党の**ポデモス**[※3]が出てきたけど、その一方、フランスでは貧困層が多くなったせいで、極右政党のルペンみたいなのが支持を集めているという。アメリカの大統領選では強いアメリカを主張するドナルド・トランプと格差是正を訴えるバーニー・サンダースも対照的だったよね。

牛田　結局、どちらもありうる。

黄　うん、複雑ですよね。

牛田　ひとつだけはっきりと言えるのは、社会が不安定になると極端な方向に振れやすくなるというか。そこで、僕は黄くんみたいに「自分のやっていることが絶対的に正しい」とは、必ずしも言い切れないな、と思いながら運動しているところがあって。そこはたぶん、愛基と僕との違いでもあると思うんだけど。なんと言うか、どちらに転んでも〝賭け〟だと思うんです。

黄　でも、「自分のやっていることが正しい」と思わなければ、運動なんて大変なことやっていられないよ。

牛田 それはそうですね。うーん……。最終的には正しいと思う道を選択するしかないわけなんですけど、ただ、その前段階が必要というか。僕は哲学を専攻しているので、そこを原理的に考えていきたい。やっぱり「絶対的に正しいものなんてない」と、僕は思っているんです。

黄 もちろん、それはそうだけど……。

牛田 あるいは、すべての真理はねつ造可能だと思っていて。たとえば「War is peace」も成り立つかもしれないし、実際、全体主義社会で真理がねつ造されたら、そうなっていくと思うんです。だからこそ、僕は「その真理がどうつくられたものか？」という前段階が気になってしまって。いつも、一旦、引くことを考えている。つまり、常に自分の判断が合っているかどうか、思考し直すっていうことですね。で、それが何の役に立つかと言えば、何の役にも立たないんです。役に立たないし、むしろ鬱陶しいし、邪魔なんだけど、そう考えることが唯一、「最悪の道に陥ってしまうこと」を防ぐ手立てだと僕は思っていて。

黄 哲学の人ですねぇ。

牛田 そうなんです。でも、ちゃんと〝正しさ〟に賭けるんです。そして、同時に「自分は賭けをしているんだ」って意識も必要というか。あるいは、賭けというのは失敗する可能性、間違っている可能性を認めつつも判断する、ってこと。

（※3）ポデモス ↓周庭「対話1」参照。

――そういったことを、先ほどの黄さんのお話を聞きながら考えたと。

牛田　まぁ、ありきたりな批判かもしれないですけど、「自分は絶対に正しい」だけでは危ういんじゃないかなと思いました。

黄　僕の場合、決定を下す前に自分自身に問いかけて、「これは正しい」と思ったら何としてもやり遂げるし、そこで自分が信用できなければやらない。それが僕のスタイルです。

牛田　だから、そこは微妙なところで、日本人って、言ってみればみんな哲学者なんですよ。もちろん僕もそうなんですけど、みんなが哲学者で潔癖症。良く言えば、常に正しいことを求めているんですけど、悪く言えば安全圏に籠っているだけなんです。

そもそも、政治の場というのは不透明で、どの道を選択しても状況が悪くなる可能性を持っていますよね。だからこそ、政治に参加するというのは、安全圏から危険な場所に出ていくことなわけです。で、日本人は潔癖症であるが故に、その場に出ること自体を忌避してしまう。そこで、僕は、完全に安全圏にいるのもダメだし、完全に政治の人になることもダメだと思っていて……。

黄　その間を行き来しないといけない？

牛田　そうですね。常に考えて、行動して、また考え直して、行動して、っていうことを繰り返さないといけない。それが、僕の哲学です。

黄　でも、そこでは、理論だけではなく、実践と経験こそが原動力になるんです。やはり勉強だけでは決定を下せなくて。現実は理論どおりにはいかない。その中で実践を重ね、経験を重ね、それが自分への自信に繋がっていくのではないでしょうか。

奥田 どちらの言ってることも分かるけど、結局、黄くんが言うように、正義を信じて行動していかないと事態は動かないんじゃないかな。

牛田 だから、僕は愛基も批判するし、黄くんにも批判的になるっていう。で、そんな僕がなんでSEALDsにいるかっていうと、こういう人間がひとりくらい組織の中にいないと危ないんですよ。絶対。

黄 それはすごく良いバランスだと思います。

牛田 ストッパーみたいな人間がいてバランスを取らないと。

奥田 **学民思潮**[※4]にも牛田くんみたいな人はいます？（笑）

黄 ストッパー担当っていうスタンスの人はいないんだけど（笑）、会議で人を説得する過程で、いろいろと考えます。様々な人の様々な意見を聞いた上で、決定を下すっていう。

牛田 SEALDsは半ば、それぞれが独裁者なんです。で、愛基がいちばん行動しているから、愛基はそのつもりがないにしても愛基の独裁っぽくなっていくんです。

奥田 ……その言われかたには納得いかないな。でも、確かに「決める」ってことにはそうい

（※4）学民思潮 →周庭「対話1」参照。

う側面もある。実際、オレにはそんなつもりはないけどね。
黄 学民思潮も最初は同じで、1年経ってようやく投票制度ができました。もし投票制度がなければ、最終的には魅力を持っている人や、発言力が高い人の独裁になってしまったでしょう。
牛田 そう、だから黄くんの説明を聞いて、SEALDsもそういう制度をつくっていかないといけないんだろうなと思いました。
黄 学民思潮は、まず20人の常務役員を選んで、その20人がコアになる。組織内に代議制を設けるということですね。で、常務役員会議は5人以上が出席しないと成立しない。つまり、4分の1以上の参加が必須。そのような代議制を導入することで、スピードある意思決定が可能になりました。
奥田 学民思潮のメンバーはどうやって選んでいるんですか？ 入りたい人なら誰でも入れる？
黄 特別な資格は必要ないし、面接もない。不定期で募集をかけて、入りたい人が入る。で、半年に1回、名簿を更新して、会議に来ない人は除名していく。
牛田 ちゃんと管理してるんですね。
奥田 まぁ、オレたちが管理しなさ過ぎっていうか。あるいは、さっきの牛田くんの主張を逆説的に言い直せば、「集団になっちゃうことの怖さ」みたいなことはずっと懸念していて。組織になると思考が停止しちゃう。だから、組織ではなくて個人として参加して欲しいので、名簿もつくらない。イメージしたのはクラウド型の運動というか。名簿がないから、SNSを通じたネットワークしかない。厳密には組織じゃない部分があるよね。

牛田 その良さもあるんです。つまり、誰がやっているのか分からない。特に代表がいなくて、みんながゆるく繋がっている。組織って、僕はそれ自体がちょっとずつ〝悪〟を産んでいくものだと思うので。ただ、良く言えば組織をつくると覚悟ができるとも思うんですよね。そこまでしてでもやるっていう。

黄 香港でも、これまで、そういったクラウド型のデモは何度か起きました。で、最初の何回かはそれでいいんですが、参加者たちが「自分は団体の意志決定に参加できない」と思い始めると、離れていってしまう。だから、次の段階として、ちゃんと組織をつくり、リーダーが参加者のマネージメントをすることが重要。さらに、そのリーダーが何か問題を起こした場合、参加者がリーダーを引き下ろす権利も必要。そう考えた結果、いまの学民思潮の代議制ができ上がったんです。

牛田 しかも、その代議制を導入することでまた盛り上がるというか、「自分たちでこのリーダーを支えなきゃ」っていう意識も出てくる。

黄 もしくは、「このリーダーを選んだんだから、それなりの仕事をやってもらわないと困る」という考え方も出てきますよね。学民思潮では、僕だって当然、批判される対象でもあるし、もしも間違った決断をすれば引き下ろされる。そういった制度をつくらないと組織として上手く回らないし、何か起きた時に方向転換もできません。

〝招集人〟という立場

――黄之鋒さんは〝招集人〟という役職に付いているとおっしゃっていましたが、それは、長い間、やられているのでしょうか？

黄　そうですね。代議制をつくった時、最初に選ばれて招集人になりました。招集人は「呼びかけて組織する人」みたいな意味ですが、なぜ自分がずっとやっているのかというと、単に立候補者がいない。招集人は最終的に責任を問われる立場で、間違えた決断をした場合、メディアに怒られるキツい仕事ですからね。

牛田　ＳＥＡＬＤｓには投票制度はないし、学民思潮で言う招集人みたいな立場も明確には決まっていないけど、実質的に愛基がそうなっていて。誰も代わりはできないし、世間的には愛基にすべての責任が押し付けられていく。それは申し訳ないとも思うし、すごいなとも思っている。まあ、最近は少しずつＳＥＡＬＤｓ内のパワーバランスも変わりつつあるけど。

黄　僕が最初にＳＥＡＬＤｓを見て思ったのも、やはり奥田くんが招集人的な立場だなと。

奥田　誰も招集人に立候補しないことについて、黄くんはどう思ってるの？　「早く次のやつが出て来いよ」って気持ちなのか、「やっぱりオレしかいないだろう」って気持ちなのか。

黄　両方ですね。出てきて欲しいとも思うし、自分にしか務まらないとも思う。みんなスポークスマンにはなりたがるけど、招集人にはなりたがらない。やっぱり世間の期待がすごく大きいわけで、最終的な責任も負わされるし、メディアの顔にもならないといけない。

牛田 大変そうですね。

奥田 プレッシャーみたいなものは感じますか？ オレはたまにナーバスになります。たとえば、**国会でスピーチ**[※5]をしても、数百万人の代弁なんてできるわけないんだけど、メディアの扱いとしては代弁者にならなきゃいけなかった時、プレッシャーで3日間寝れなかった。黄くんも『TIME』の表紙になったり、英米メディアの討論会で香港を代弁して話したり、下手したら億単位の人々に見られていることに「うわー！」ってなったりしません？

黄 『TIME』にインタヴューされた時は、まさか表紙になるとは思っていなかったし、既に14歳の時点で数万人規模のデモを起こしちゃったので、今はプレッシャーで寝れなくなることはないですね。それよりも、会議が多すぎて寝れないのが問題です（笑）。特に雨傘運動の最中は1日1食しか食べられないとか、ずっと会議詰めとか、体力的にも厳しくて。ただ、基本は平常心で対応していますよ。

奥田 まだ19歳ですよね？ 本当にすごいな。

牛田 黄くんばっかりすごいすごいって。『デジモン』のたとえは感心されて、オレの『アベ

（※5）国会でスピーチ　2015年9月15日、奥田は国会で開かれた中央公聴会に招聘され、意見陳述を行った。

ンジャーズ』のたとえは笑われて。何が違うんじゃい！

黄&奥田　（笑）。

牛田　だって、『デジモン』より『アベンジャーズ』の方がすごくない？

奥田　いや、黄くんが言うように、「時代に選ばれた」って感覚はオレたちにもあるよなって。まさか『デジモン』が元ネタとは思わなかったけどさ。つまり、自分の意思とは別に、選ばれちゃった感覚。普通に大学生活を過ごしても良かったけど、それこそ**マーティン・ルーサー・キング**[※6]が使う〝時代精神〟っていうか、気が付いたら数十万人のデモの先頭にいることになった。だからこそ、自分の都合は横に置いたとしても、やらなきゃいけないっていう。

黄　もちろん、「時代に選ばれた」側面もあるんだけど、その思いが強過ぎると、「自分は社会のためにたくさんのことを犠牲にしているんだ」っていう風に、被害者の感覚が生まれてしまう。やりたくなければやらなければいい。誰かに銃で脅されているわけでもないんだから。ただ、今やっていることには意味があって、自分がやりたいからやっている。それプラス、自分が選ばれたからやっている。そういう風に考えないといけないいんじゃないかな。

牛田　いや、もう、完全同意。意思の弱い人間だと、そこで、「選ばれた自分は被害者なんだ」とか、逆に「偉いんだ」みたいなことを思いがちじゃないですか。幸い僕らはなってませんけど、そういう強い意思が14歳の頃からあるってすごくねぇすか？

黄　香港でも「若いのにすごいですね」って、しょっちゅう言われていて。たとえば「香港の未来は任せたよ」とか。でも、「この場所の未来はみんなのものじゃん。なのになんで僕がひとりで背負わなくちゃいけないの？」とは思います。

――同じようなことを奥田さんも言っていましたね。

奥田 いや、それは黄くんに影響を受けたんです。英語の記事で読んだので正確かどうか分からないんですけど――雨傘運動で占拠《オキュパイ》の解散が決まった時に黄くんが逮捕されて、その光景をみんなが傍観者的にスマホで撮っていた。それに対して、黄くんが「そうじゃない！香港の未来は他でもないあなたたちの未来なんだ！」「民主主義《デモクラシー》は一人ひとりのものなんだ！」って叫びながら排除されたと。で、オレは感動して、国会前で「みんなも〝奥田頑張れよ〟って言ってる場合じゃなくて。これあんたらの未来だし。それをもっと自覚してほしいし、担って欲しい」と言ったんです。

黄 実際にはちょっと違っていて。最後の占拠《オキュパイ》が始まる前、記者たちに「香港の未来はみんなのものであって、全部の責任が僕だけにかかってくるのは最悪だよ」と言って、その1時間後に逮捕されたんです。写真を撮っていたのは全員記者です。

奥田 いやぁ、でも、カッコいいよ。そのシチュエーションも、言葉も。みんな他人事のように語るなよって。

（※6）マーティン・ルーサー・キング ↓周庭「対話1」参照。

黄　これはすごく大切なメッセージです。学生だから同情を感じて、「頑張ってね」と言っているのかもしれないですけど、いや、「頑張ってね」って、後の責任は全部こっち任せか。それは違うでしょう。

奥田&牛田　まさにそう。

奥田　オレ、いちばん大規模になった国会前デモの前日にその記事を読んで、「ああ、まるで自分が言ってるみたいだ。すごくよく分かる」って感動したんです。もちろん規模が違うし、やってる年数も違うし、〝分かる〟って言うのはおこがましいけど、でも、どんだけ去年の夏、その黄くんの発言に励まされたかっていう。

黄　学民思潮はけっこうラッキーなところがあって。実は反愛国教育運動で政府が譲歩したのは、**立法会選挙を翌日に控えていた**[※7]からなんです。香港の親中国派も、さすがに選挙で変な負け方するのは避けたくて譲歩した。だから、最初の戦いはわりと簡単に勝てた。あれが2012年ではなくて（選挙が終わった後の）2013年だったら、たぶん成功していなかった。

牛田　そんなこと言ったら、オレらはまだ1回も勝ってないからね。

奥田　そうなんだよなぁ。野党共闘させたぐらいじゃ全然ダメだよね。

牛田　香港って都市じゃん？　日本はデカいじゃん？　だから、同じくらいのインパクトを与えるには、まだまだ日本の運動は規模が小さいんだよ。

黄　香港は狭いぶん、動員することは比較的簡単で。政府本庁前から香港のどこに帰っても、タクシーで1時間かからない。

牛田 そこは全然違うなぁ。

奥田 あと、日本には広場がない。世界中の都市って、ナショナリスティックな広場みたいな場所が大抵あって、そこが運動に使われるんだけど、日本はまず、それをつくるところからやらなきゃいけない。

黄 いや、香港も運動に使える場所がそこまで多いわけではないですよ。今は政府本庁前を使っているんですけど、すごく狭い。ただ、コンビニもあるし、マクドナルドもあるし、ケンタッキーフライドチキンもあるし、中華レストランもある。近くに公衆トイレもあるし、大きな公園もある。占拠《オキュパイ》するのに最高の場所なんです。

牛田 「デートするのに最高」みたいな言い方で（笑）。

黄 で、地下鉄の駅が真後ろにあるという。占拠《オキュパイ》の初日、いちばん近くのマクドナルドの売り上げが何と4倍になったとか。

（※7）立法会選挙を翌日に控えていた ここで反愛国教育運動の流れを整理すると、2012年8月30日、学民思潮をはじめとする約50名の学生たちが、3日間にわたり政府本庁を占拠し、うち3名がハンガー・ストライキを開始。9月3日、学民思潮が「無期限占拠活動」を宣言。9月7日夜、一般市民が集会に加わり、主催者発表では約12万人が参加。9月8日、行政長官は「3年間、愛国教育プログラムを実施しない」と宣言し、学民思潮は占拠活動を終了させた。そして翌9日、第5回立法会選挙投票が行われた。

奥田　オレらが国会前デモをやってた時も、赤坂見附あたりのファミレスの売り上げがすごかったらしい（笑）。

黄　よくデモが経済に悪影響を与えるとか言われるんですが、飲食業の場合、逆に売り上げが上がるんですよ。

奥田　それは本当にそうだと思う。ちなみに、香港に行くとしたら、どの季節がベストですか？

黄　**7月1日**[※8]は毎年デモがあるので、それを観に来るのがいいかもしれません。おそらく30万人規模のデモになると思う。

牛田　香港の人口730万人のうち30万人って……日本の人口で考えたら520万人以上。

奥田　やっべえ（笑）。

東アジアの平和構築のために

――周庭さんが「SEALDsと話して勉強になった」とおっしゃっていたそうですが、奥田さんと牛田さんも今日、1日じっくり黄さんと話してみて、勉強になった点がたくさんあるのではないでしょうか？

奥田　今日の黄くんの話って、僕としては完全に資源動員論だと感じたんですよ。枠組みとしての資源・メッセージ・ネットワークをどう回すかということは、社会運動論のコンテクストで、世界中の学者が研究している。黄くんも社会運動論って勉強しました？

黄 授業で扱っていたし、本を読んだこともあるんですけど、実践に適用できるかどうかはケースバイケースで、気になった本の著者に「このチャプターに関するソースをください」とメッセージを送って、ひとりで研究しています。

牛田 ほら。「理論じゃなくて実践」と言いつつ、理論もちゃんと勉強してるんだよ。

黄 いま研究しているのは、社会運動と政党の関係です。分厚い本を読んでも運動に役立つとは限らないので、自分をモデルケースにしつつ、それに関係する情報を集めては編纂しています。それに、香港の学者は香港の社会運動の話を書かないので、台湾の先生に直接話を聞いたほうが早いですね。

牛田 日本でも「社会運動と政党の関係」についての研究はないと思う。事例がないから。やっぱり英語できるようにならないとヤバいな。

奥田 というかオレもそれ卒論で扱おうとしたけど、最近の研究は本当にないよ。ちなみに、黄くんが参考にしている団体とか、注目している動きってありますか？

黄 主にポデモス（スペイン）とひまわり（台湾）かな。香港にも適用できる事例がなかなかないんです。そもそも、ひとつの政治勢力が大きな社会運動を引き起こすって事例がないし、社会

（※8）7月1日 →香港の返還記念日。

運動から始まって、さらに勢力を拡大して政党になっていく事例はもっとない。

奥田 そうですよね。まだそこまではなかなか繋がらない。

牛田 よし！　事例を今からつくろう。

奥田 オレらもそうなればいいよね。まぁ学民思潮の方が先だろうけど。

牛田 そしてお互いの運動が成功したら、東アジア圏の平和構築のために一緒に行動できたら良いなと思いますね。

黄 いま僕は、香港、台湾以外に、マカオ、マレーシア、タイの学生団体とも繋がっていて。もし良ければ、みんなでミーティングをしませんか？

奥田 え！　やりたい！

牛田 それ、やりましょうよ。早く英語勉強しないと。

奥田 どこでやるつもり？

黄 マニラ。航空券代とホテル代は支給しますよ。

牛田 awesome!（すげぇ！）

奥田 急に英語になってる（笑）。

――すごい話になってきましたね。

黄 各国の学生組織の代表で、学生運動と民主主義《デモクラシー》のミーティングみたいなことを行って、他国の現状がどうなっているか、理解に繋げられればいいなと。そうすれば日本でまた運動が起きた時に情報の伝わりも早くなるし、お互いにサポートし合える。そういったプラットフォームを構築したいですね。

奥田 アジアは言語もバラバラだし、そういった連帯感が文化《カルチャー》としてないので、EUが羨ましいなとずっと思っていたんです。

牛田 それこそアベンジャーズじゃん（笑）。まさか本当になるとは！

奥田 そういえば、マスコミ懇談会っていう、マスメディア40社くらいが集まった勉強会があって。オフィシャルにはなってないものの、その講師に呼ばれて、関係者100人くらいの前で話したんです。で、その時、質疑応答で「香港の黄之鋒は雨傘運動に失敗したけどという前提で、「日本はどうなると思いますか？」みたいなことを質問され、反論したんですね。確かに雨傘運動は現段階で結果を出せていない。ただ、黄くんが体現してみせた民主主義《デモクラシー》の理念は、世界各国に影響を与えている。マーティン・ルーサー・キングだって、殺されたから彼の行動は無駄だったかというとそうではない。後々まで精神は残っていく。実際、オレらも香港に影響を受けている。これからアジアで社会運動をするにあたって、香港・台湾抜きでは語れない。そうなった時点で大成功というか、黄くんたちの勝ちだと思う。それに、黄くんがこれで諦めるとは、到底思えない。だから、あなたたち、もう1回、香港に行ってこい――って。

黄 そもそも社会運動は、目的が達成できない前提でする行動です。〝不撓不屈〟。だって、10回やって9回成功するのなら、その社会に運動なんて要らないでしょう？

奥田&牛田　そのとおり！

黄　結果を出せなからといって社会運動を否定するのは間違っています。もちろん敗北は敗北なんですけど、その敗北から何を得たかが重要なんです。

奥田　素晴らしい（拍手）。さっきのマスコミ関係者にその言葉を聞かせたい。

牛田　今度言おうぜ。さも自分の言葉かのように。

奥田　ダメだろ（笑）。そう言えば、何だっけ？　いつもおまえが言うラップみたいなやつ。

牛田　ああ、サミュエル・ベケットって作家がいるんですけど、その人の詩ですごく好きなものがあって、何かを始める時に必ず思い出すんです。――〝Ever tried. Ever failed. No matter. Try again. Fail again. Fail better.〟（やってもやってもうまくいかない。だけどそれがどうした。またやって、また失敗して、次はもっと上手く失敗してみせるさ）

黄　Yeah！　まさにそう。希望を見てから頑張るのではなく、頑張った先にこそ希望が見えるんです。

奥田　この言葉ってずっとオレたちの支えみたいなもんだったから、分かり合えるのは嬉しいな。本当にそうだよ。僕らも「SEALDsは希望だ」みたいに言われることがあるけど。でも、希望よりも勇気の方が大切というか、チャレンジし続ける精神の先に希望が生まれるわけで。そっちの方が100倍大変だし、そこにこそやりがいがあるんだよ。

黄　社会運動をやるにあたって、自分より優れた人なんていくらでもいるじゃないですか。

理論なら学者の方が強いし、行動力でも、宣伝力でも、経験でも、自分より優秀な人はたくさんいる。じゃあ、どこで勝つかというと、〝心《ハート》〟と、あとは〝意志〟。僕自身はそこで戦っていると思っています。

もちろん、理論で分からないところがあれば学者にバックアップしてもらえばいいし、宣伝が不得意なら誰かにお願いすればいい。ただ、社会運動を起こせるかどうかを握っているのは自分自身の心。絶対にやり通すという奥田くん牛田くんの意志が、運動の意志に繋がっている。個人の意志がなければ、運動の意志は成り立たない。

たとえば政党なら、選挙で失敗しても、そこまでリスクは背負わないわけです。政党に所属しているかぎり給料はもらえる。その点、学生運動はゼロから始めなくてはいけないし、リスクも自分たちで管理しなければいけない。そこで何が重要かというと、やはり〝意志〟なのではないかと僕は思います。

牛田　完璧なまとめじゃないですか。

（2016年1月28日夜　@荒木町「おく谷」）

DIALOGUE

04

対話——4

ナショナリズムと民主主義《デモクラシー》

黄之鋒《ジョシュア・ウォン》

×

SEALDs

奥田愛基／牛田悦正

――2日目の対話を始めます。本日はまず、3人がどのような人生を歩んできて、どのようにして社会運動に向かっていったのか？　という話からうかがいたいと思います。

奥田　自分は父親がキリスト教の牧師なんですが、貧困問題に対して熱心に活動している人で。だから、社会問題に関心があることが普通、という家庭で育ちました。で、自分の父親がそういう活動をしていることが嫌だった時期もあったんです。

でも、高校卒業のタイミングで東日本大震災があって、原子力発電所という「絶対に安全です」と言われていたものが、実際はそうではなかったというか。テレビで「今は完全に安定した状態です」と説明しているタイミングで、ライヴ・カメラには原発が爆発している様子が映っている。そんな経験をして、「このまま政治家に任せているだけじゃ、この社会は回っていかないんじゃないか」「この国、大丈夫か」とリアリティを持って思えて、自分も社会運動に少しずつ関わり始めたという感じですね。ざっくり言うと。

黄　僕も奥田くんと育った環境が近くて、中学生の頃は家族と一緒に教会に通って、お金のない人たちのサポートをしていました。そんな中で僕が気付いたのは、単なる慰めや精神的なお手伝いだけでは何の解決にもならない。貧困問題の根本には社会の構造的な歪みがあって、そこを変えないといけないということ。

これは、香港の伝統的な考え方かもしれませんが、「ちゃんと勉強をしてお金を稼いで、困っている人に貢献すればいいじゃないか」とか、「ちゃんと勉強をして、政府に入って社会を変えればいいじゃないか」とか言われたんですけど、それは現実的ではありません。社会を良くするためには、何かしらの〝運動〟が必要だと思うんです。それに気付いて、2010年に初めてデモに参加しました。ただ、その頃は単に参加していただけで、デモと言っても人数が多いものもあれば少ないものもあったし、参加者の年齢層もバラバラでした。

で、その翌年の2011年、政府が**愛国教育**[※1]を唱えだしたんですが、なぜか学生も教師も反対しない。政治家たちも「関係ない」という顔をしている。そこで、「これじゃあダメだ」と思って、学民思潮をつくったんです。最初はメンバーが10人しかいなかったので、まさかこんなに大きくなるとは思っていませんでした。

社会運動を始めるにあたっては、ふたつの重要な点があると思います。まずは、若者が社会の代表になれると信じること。お金を稼いでいる中年層だけが社会を代表するのではなく、若者だって社会の代表になれるんだと。もうひとつは、社会を良くするためには、制度から変えなくてはいけない。そのふたつを押さえなければ、良い運動は立ち上がらないでしょう。

（※1）愛国教育　↓周庭「対話1」参照。

牛田　僕の場合はふたりとまた違って、もともとギャンブラーの家系で、おじいちゃんがギャングスタだった。丁半博打の賭場でイカサマ師をやってたんですよ。で、その血を受け継いだ父も、ある時、パチンコにはまって3千万円くらい借金をつくって、家族が大変なことになっちゃって。

その後、僕が中学を卒業するくらいに両親が離婚して、僕は父親と住むようになったんです。でも、高校3年生の頭くらいに彼がガンで亡くなってしまって。そういう風に、家庭環境があまり良くなかったので、「自分はどうやって生きていくんだろう？」「そもそも、生きるってなんだろう？」みたいに、孤独に考えることが多かったんですね。それで哲学を勉強するようになりました。もちろん、もともと哲学的なことを考えるのは好きだったのですが、やはり、深い苦悩や不安と哲学は切り離せないですよね。

そして、愛基と同い年なんで、大学の入学式直前に3・11があって、初めて国内の政治に目が向くようになったんです。それで、愛基たちと運動を始めたという流れです。

――3人のお話を聞いていると、それぞれ、小さい頃から身近に社会問題と関わるきっかけがあったということでしたが、一方で、みなさん、「若い世代で社会運動やっている」という括られ方をされることが多いと思うんです。そこで、「自分たちは若い世代を代表している」と思うのか、あるいは、「若い世代の中でも特殊な環境で育ったからこそ、社会運動に関わるようになった」と考えているのか。

牛田 僕は、「若者だから」とか、「大人だから」とか、そういうことはあまり気にしていなくて。むしろ、深く悩む経験が大切なんじゃないでしょうか。ここにいる3人の共通点で重要なのは、「自分はどうやって生きていくんだろう？」という本質的な問題を考えるきっかけがあったことだと思うんですね。そこで、初めて「何かしなきゃ」と気付くというか、深く考えることは理性を使うことだし、「理性を適切に使えることこそが、大人になることだ」と**イマヌエル・カント**[※2]も言っている。そういう意味で、僕は〝大人〟と〝子ども〟の区別をつけています。大人でも子どもみたいな人はいっぱいいるし、逆に、若者でも大人みたいにちゃんと考えられる人もいっぱいいる。

黄 僕も、自分が「若者を代表しているか」と言われると、特にそうは思っていません。そんなものは、単にメディアが貼ったレッテルに過ぎない。もちろん、もし社会の方が僕に若者代表を引き受けて欲しいのなら、それは〝仕事〟としてちゃんと引き受けます。ただ、それはあくまでも〝仕事〟であって、自分が若者代表になりたいからなっているわけじゃない。自分が選ばれたのだとすれば、「分かりました、では、やります」と。これが僕の考え方です。

（※2）イマヌエル・カント　ドイツの哲学者。1724年生まれ、1804年没。『純粋理性批判』、『実践理性批判』、『判断力批判』という、いわゆる〝三批判書〟で知られる。なお、本文中の発言は『啓蒙とは何か』より。ちなみに中山元訳『永遠平和のために／啓蒙とは何か 他3編』（光文社古典新訳文庫）がオススメ。お得だし、読みやすい。（牛田）

それでも、他の誰かを選ぶよりも僕を選んだ方が良い理由がひとつあって。たとえば大金持ちのおぼっちゃんが現れて、「自分が若者代表だ」と言うよりは、普通の若者である僕がその役割を担った方が良いと思っています。

あと、若者を代表しているというよりは、若者だからこそ、社会運動をやるべきなんです。もし、自分がいま30歳だったら難しいでしょう。家族を養わなくてはいけないし、ローンの返済もしなくてはいけないかもしれない。そんな状況では、社会運動に費やす資本がない。ところが学生は資本を備えている。学生は自由なんだから、やれる時にやらなくてはいけない。

特に、香港で90年代以降に生まれた子どもたちは、不安定な政治環境の中で育ち、返還も経験し、そして今、香港社会の現状に立ち会っている。そういった意味で、僕たちの世代は〝時代に選ばれた〟と思っています。90年代に生まれた子どもたちは、**2047年の香港**[※3]を考える義務を背負っている。

奥田　自分の生まれた年代を考えると……僕と牛田くんは92年生まれで、バブル崩壊で日本経済が悪くなっていく中、**オウム真理教のテロ事件**[※4]とか、**阪神淡路大震災**[※5]が起こったりっていう時代に育った。何か世紀末感があったんです。実際、僕が子どもの頃に観ていたアニメや映画って、世界が終わっちゃう話ばっかりだった。ノストラダムスの大予言とか。あと、「最近、自殺する人が増えている」っていう話もずっと聞かされてきて。僕自身もいじめられていたし、世の中でもいじめが社会現象になり、もしくは、子が親を殺して、親が子を殺すみたいな事件もたくさん起きていた。大人たちはみんな鬱屈として、「良い時代はもう過ぎ去った」とか、「日本はもう終わっている」とか、「これからは大変な時代だよ」とか言っていて。

そこでさらに、2011年に震災と原発事故が起こって、その時も上の世代の人たちはみんな「日本は本当に終わった」とか言っていたし、今の安倍政権が出てきたときも「民主主義は終わった」みたいな話が出てきて、「またその話かよ！」っていう。こっちは生まれてきた時からずっとそれ聞かされてるから、もういいよ、そんなことは大前提として、ここで考えなきゃ、やんなきゃ。「どうせダメだ」じゃなくて、「どうせダメなんだから、何か始めよう」って感じで吹っ切れているんです。こういう感覚はSEALDs内では共有されているけど、若者一般がそう考えているのかどうかは分からない。でも、たぶん、若者のほとんどは「これから良い時代が来る」なんて思っていないし、でも、「だったら、何かやんなきゃ」っていう気持ちがあるんじゃないですかね。少なくとも、自分の周りにはそういう人たちがけっこういたって感じです。

（※3）2047年の香港　1984年12月19日、イギリスと中国が署名した中英連合声明では、1997年7月1日に香港の主権をイギリスから中国へと返還すること、またその後、中国は50年の間は一国二制度を用いて、香港の自治を認めることを約束した。つまり、2047年を境に、香港が中国に完全支配される可能性があるということ。

（※4）オウム真理教のテロ事件　1995年3月20日の地下鉄サリン事件発生時、牛田、奥田ともに2歳。

（※5）阪神淡路大震災　1995年1月17日の地震発生時、牛田、奥田ともに2歳。

先日、対談の仕事で**コムアイ**[※6]さん（水曜日のカンパネラ）に会って、同い年だったんですけど、彼女も同じような話をしていて。この世代に生まれてきたこと、日本が経済成長していた時代をまったく知らないことが、逆に今、原動力になっている感じがしますね。

ただ、同年代だからって、みんながみんな動けるわけじゃないし、牛田くんの言うように、どういう経験を経てきたか、どれだけ真剣に考えてきたかの差はもちろんある。それと、黄くんの言うように、僕も自分が若者代表だとは思わないけど、この年代に生まれたからこそ分かることはあるんじゃないかとも思います。

若者に富が回ってこない

――今、牛田さんは、年齢ではなく、深く考える経験をすることが大切なんだという話をしてくれました。また、黄さんと奥田さんは、運動を始めた背景には、香港と日本における、自分たちが育ってきた環境があるという話をしてくれました。ただ、いま全世界的に、特にアジアで、学生運動が同時多発的に起こっていることも確かです。そこに共通するものはなんだと考えているのでしょうか？

奥田　全世界的な若者デモの隆盛の背景には、労働者のことを考慮しないグローバリゼーションが広がっていく中で、「**1%対99%**[※7]」みたいな――要は、労働者の方が圧倒的に多いんだけど、彼らの持っている富の総額は少ないし、その声は政治に反映されないという状況があって。そこで、平等を求める声が世界中で広がって、アラブの春、モントリオールの学費値上げ反対デモ……確かメキシコでもありましたよね。エジプトでもFacebookに載せた写真をロイターが配信して、あれで新しい社会運動のイメージができましたし、NYの**オキュパイ・ウォールストリート**[※8]もSNSを使ったものだった。

そういった、若者世代にとって相対的に不利益な現象があったときに、デジタル・ネイティヴ世代が、SNSを使って社会運動を起こす立役者になったというか。世界の鬱屈とした気持ちと、SNSの情報革新と、それを使いこなせる若い世代が連動した形で、世界中で社会運動が起こっているのかなと。

SEALDsも、「TwitterやFacebookがなければ絶対に存在していないので、ネット環境に呼応した形で出てきたのは確かだし、それぞれの運動が各国の事情で単独で起こっているというよりも、インターネットが各国の事情を可視化させたというか、「他の国でも起こっているし、自分たちもやっていいんだ」みたいな感じで、アイデアが見えるだけで感化されちゃう側面が、絶対にあると思うんですよね。

（※6）コムアイ　ポップ・アイコンとして人気を集める、水曜日のカンパネラのヴォーカリスト。
（※7）1%対99%　↓黄之鋒「対話2」参照。
（※8）オキュパイ・ウォールストリート　↓周庭「対話1」参照。

実際、2014年に**SASPL**[※9]で初めてデモをやった時に、台湾の学生が参加してくれて。「台湾ではデモとか当たり前だから来たよ」みたいなことを言っていた。で、その後に**ひまわり学生運動**[※10]が起こって、その様子はニコ生やUstreamでライブ中継されていたので、日本でも観ることができたし。

僕も世界を旅行で回った時に、各国に友達ができて、Facebookを覗いたら、シリアのことにしろトルコのことにしろ、言語は分からないんだけど動画でシェアされていて。ネット・メディアの影響って、絶対にあると思うんです。「台湾があそこまでやっているんだから、オレたちもやろう」とか。そもそも、今日こうやって黄くんと会えるのも、そういう環境のおかげというか。

黄　今、世界中の若者に共通している問題を一言で言うと、「富が手に入らない」。これに尽きると思います。給料がすごく少ない、未来が見えない、といった問題は世界共通なのではないでしょうか。先ほど奥田くんが「日本の発展期は終わっている」と言っていましたが、実は香港も80年代で発展期を終えていて、それに加えて、香港の場合は中国という脅威があります。中国がどんどん強くなって、若者にとってはますます未来が見えない状況になってきている。

さらに、日本で言うところのバブル世代——香港では僕の両親の世代にあたるんですが、彼らにはなぜ現代の若者がそんなに苦しいのか、理解できない。いまだに良かった時代の思想を持ったまま生きていて、その時代が既に終わっているのに、「今の若者はどうしてオレたちの頃みたいにやらないんだ!」って。

奥田 こ、これはどこの国の話だろう(笑)。

牛田 似てる(笑)。

黄 やはり、日本でも同じなんですね。世界的に見て、若者の状況が似ているし、上の世代がその状況を理解していないところも似ているのかもしれません。

さらに、もうひとつ問題なのが、政党。本来ならばこういった社会問題は、野党がちゃんとしてくれればいいだけの話なのに、まったくあてにならない。だから、社会運動、学生運動が盛んになってきたというのはあるんじゃないでしょうか。野党と若者の距離が離れていって、今やおおよそ無関係になっている。で、自分たちの声が議会まで届かないのなら、自分たちで直接行動を起こすしかないっていう。

それと、インターネットもそうですが、今の学生運動は流行文化との繋がりも密接です。ひまわり学生運動もSEALDsも、文化《カルチャー》と合体することでマスメディアで報道されるようになっていきました。かつて、社会運動は少数の人々のために行われていましたが、現代は大衆化していく傾向にあります。それが今、学生運動や社会運動が注目される要因だと考えています。

(※9) SASPL ↓周庭「対話1」参照。
(※10) ひまわり学生運動 ↓陳為廷「対話5」参照。

良いナショナリズムと悪いナショナリズム

牛田　要するに、世界全体が不安定になってきたということだと思うんですね。だからこそ、「自分たちでちゃんとやっていかなきゃ」という気持ちが芽生えてきた。その背景には、たとえばアメリカがずっと一強主義で世界を支配してきて、そこではほとんど、規範という意味での〝法〟が機能しなくなっていたということがある。アメリカが中東の石油利権を欲しいから、傀儡政権をつくって好き放題やって、それへの抵抗としてテロが出てくるんだけど、「テロリストには人権がない」と言って殺してしまう。そして、テロリストを殺したことがそのまま成果になってしまう。このような状況は法が停止していると言えると思います。

ただ、そういう風に法そのものが揺らいできている中で、アメリカの強権も陰りを見せてきていて、いま何が世界を統治しているかと言えば、新自由主義《ネオ・リベラリズム》です。まぁそれもアメリカの一強主義と切り離せませんが、個人を経済合理性や効率性を求める企業と見立て、競争をさせて、弱肉強食になっていく。すると貧困層が増え、経済的にも不安定化するわけです。つまり、世界全体として、法も経済もどちらも不安定になっているんだと思います。

で、そういう不安定な世界に対抗するものとして、新保守主義《ネオ・コンサバティズム》のような単純なナショナリズムが出てくるという話だったんですけど、それだけではないぞと。僕が思うのは、SEALD sもこの日常を愛しているし、黄くんたちも香港の日常を愛している。それって、ある種のナショナリズムじゃないかと。でも、ナショナリズムの発露の仕方の違いによって、急進的になったり、僕らみたいに自治を求めたり。

――つまり、良いナショナリズムと悪いナショナリズムがあって、SEALDsと**学民思潮**[※11]は前者の側面を持っている。

牛田 そうですね。やっぱり、どちらにも「この土地で生きていきたい」という気持ちが絶対あると思うんです。

奥田 民主主義《デモクラシー》と愛国《ナショナリズム》は矛盾しないんじゃないかって話ね。

牛田 そういうこと。その時に、良い方向に行けば、SEALDsや学民思潮が出てくるけど、悪い方向に転じた場合、日本のネトウヨやフランスの**ルペン**[※12]、アメリカの**トランプ**[※13]のようなものが出てくる。翻って、今は世界が不安定になっているということは、新しいものがつくりやすくなっているということで。だから僕は、ギャンブルだと思っている、と言うんです。つまり、良いものをつくれる可能性もあるし、悪い方向に行く可能性もある。今は両方の可能性がある時代なんじゃないかなっていう。

（※11）学民思潮 ↓周庭「対話1」参照。
（※12）ルペン ↓黄之鋒「対話2」参照。
（※13）トランプ ↓周庭「対話1」参照。

黄　民主主義《デモクラシー》と民族主義の共存についてですが、もちろん、民族主義はそんなに悪いものではありません。また、〝公民民族主義〟と言い換えると、さらに良いものになると思います。

――聞き慣れない言葉ですが、民族主義と公民民族主義の違いは？

黄　民族主義というのはたとえば、日本で生まれたから、日本語の名前だから、という理由で「あなたは永遠に日本人です」というような考え方。一方、公民民族主義というのは、アメリカ合衆国の考え方に近いものです。たとえば、黒人だろうが白人だろうがアジア系だろうが、「アメリカという国家の価値観を信じていれば、あなたはアメリカ人です」というような。信じる価値観による、民族概念。とは言え、アメリカで公民民族主義が本当に機能しているなら、今のように人種問題は起きていないでしょうね。だから、すごく理想的な考え方ではあります。

牛田　共和政というか、フランスみたいな感じ？

黄　それに近いと思います。民族主義は、昔からどうしても極端に走ってしまうことが多い。「極端にならないために、みんなで勉強会をしましょう。理論を話し合いましょう」と言っても、人間は理性だけではなく感情があるから、防ぐのは難しいと思うんですね。

もちろん、僕も先ほど言ったとおり、民主主義《デモクラシー》と民族主義の共存は問題ないと思っています。ただ、良い方向に進んだ場合だけ。それが公民民族主義です。そして、香港でそれが実現するのは、おそらく２０４７年以降のことです。

今、香港では「香港人はひとつの民族だ。お互い共通の価値観を持っている」と言い始めている人たちがいる。しかし、僕が思うに、今の香港人はまだ民族ではない。なぜかと言うと、香港はすごく多様な人がいる社会で、共通する価値観がない。もし、それがあったとしたら、こんなにいろいろな揉め事が起こらないはず。たとえば香港の自決問題に関しても様々な意見がありますし、香港人の中には「民主主義《デモクラシー》なんて別に要らない」と思っている人もいます。さらに、民主主義《デモクラシー》とひと口に言っても、政府の言う民主主義《デモクラシー》と、僕らの考えている民主主義《デモクラシー》は、全然違うものです。こういった中で、共通の価値観を持つには程遠い。なので、香港人はまだ民族ではない。

国家を超えたプラットフォーム

——では、民主主義《デモクラシー》と民族主義が両立可能なのだとしたら、民族主義とグローバルな共闘は両立可能でしょうか？　これまでのみなさんの話をざっくりまとめると、世界的に見て、若い世代特有の問題意識として「流動化に対する不安」と「既得権益に対する不満」があり、そこにSNSに代表される新しい武器がもたらされたことで、新しい社会運動が起こっていると。そして、現状、それらが〝シェア〟的な、緩い共闘みたいな形で繋がっていると。

では、そこから、よりしっかりとした共闘に向かう可能性はあるのか？　たとえば、日本や香港には、ある程度、社会運動を起こしやすい環境があるわけです。もちろん、日本には政治的無関心という、香港には中国共産党の圧力という困難はあるわけですが、中国の若者たちの場合はさらに難しい。では、今後、彼らのことを香港や日本の若者たちでサポートしていこう、という風になるのか？　そういった、今、世界中で同時多発的に起こっている新しい社会運動の、グローバルな共闘についてのヴィジョンがあれば、ぜひうかがいたいです。

奥田　それは、まさに昨晩、黄くんと話したことですけど、東アジアや東南アジアの若者たちが、もっと直接会う機会があってもいいのかなと。たとえば、黄くんがこの間、台湾に行っていたように、ＳＥＡＬＤｓメンバーもひとり台湾に行って、総統選の空気感に触れてきて。そういう形で、実際に交流したい。

ヨーロッパだと、ＥＵ中の若者たちがひとつの場所に集まって会議をする機会があるのに、アジアは島国同士なので、これまでなかなかできませんでしたよね。でも、今回こうやって対談が実現したわけですし、今後、機会を増やしていけたらいいなと。他にも、周庭さんと対談した後、**銅鑼湾書店の失踪事件**[※14]について、彼女がFacebookに日本語で情報を流してくれたので、ＳＥＡＬＤｓの方でもそれをシェアしました。これは単なる「世界ではこんなことが起こっている」という意味ではなく、支援したいと思って投稿をしました。

なぜそういうことをやらないといけないかというと、アジア各国の民主主義《デモクラシー》がどうなるかが、その隣国にも影響を及ぼすからです。たとえば、日本が中国に対してタカ派的な対外政策を取ると、日中間で緊張関係が高まるのは当然として、香港や台湾にも影響を与えますよね。あと、北朝鮮が水爆実験をやると世界中の株価が暴落するような、世界経済がある種の運命共同体みたいな状態の中で、株価や経済状況を安定させるためにも平和外交路線の方がいいに決まっていると思うんです。ただ、政府間での調整はなかなか難しいから、市民レベルでもっと外交というか、交流していくべきなんじゃないかと考えます。

そこで黄くんに聞きたいのが、昨晩、「アジアの学生運動のプラットフォームをつくる」と言っていた、その狙いは何か？　ということと、そのプラットフォームは具体的にどんなイメージを考えているのか？　ということ。

黄　そのプラットフォームは、4月にマニラで行うミーティングを取っ掛かりとしてつくっていこうと思っています。政府による外交のプラットフォームだけではなく、民間でもプラットフォームを持たなくてはいけない。

ただ正直、現状ではまだ交流レベルにしかならないと思います。なぜなら共通の議題がないし、さらに言えば、共通の敵がまだ存在しないから。たとえば今、中国が「台湾と香港に原発をつくります」となったら、香港と台湾の学生団体は共闘するでしょうけど、そうそうそんなことにはならない。それでも、現時点で、プラットフォームをどうしてもつくっておく必要があると考えています。

（※14）銅鑼湾書店の失踪事件　➡黄之鋒「対話2」参照。

先ほど世界中で社会運動が起きている背景には、市民が根本的に政治を信用していない、政党に対して懐疑的になっているという現状があると言いましたが、今後は〝国家を超えたプラットフォーム〟が、社会構造を変えていくことが期待できるのではないでしょうか。

牛田　あの……ぶっ飛んだ話もしていいですか？

奥田　怖い怖い（笑）。

牛田　さっき、愛基が「世界中が経済で繋がっているからこそ、経済的な安定のためにも平和外交路線が必要なんだ」という話をしていました。僕はむしろ逆だと思っています。つまり、経済的な安定こそが平和外交に繋がると。なぜ政府がナショナリズムを煽って、わざわざ敵をつくるかというと、多くの場合、内政が不安定だからだと思うんですよね。国内の不満を外に向けることで、ある程度、秩序が保たれるという狙いがある。だからこそ、平和のためにはまず経済が安定していなきゃいけない。

で、今の経済システムは基本的には新自由主義《ネオ・リベラリズム》であって、簡単に言うと、金持ちが儲かるシステムなわけです。そうすると必ず貧困層が生まれて、不満が溜まるのは当然なんですよ。だから、**ピケティ**[※15]じゃないですけど、グローバルな累進課税をつくって――と言っても、国際法で世界的な累進課税制を敷くのは不可能なので、各国がそれぞれに累進課税制みたいなものを機能させて、社会制度が安定するようにしなければいけない。それこそが世界平和に繋がっていく。

奥田　累進課税はイメージしやすいけど、その税金をどう分配するかって問題もあるから、国によってはなかなか難しい。でも、格差の問題は真剣に向き合わないといけないよね。……それがぶっ飛んだ話？

牛田　いやいや、ここからぶっ飛ぶの。

黄&奥田　（笑）。

牛田　僕が勉強しているテーマなんですけど、〝人類全体の破局〟について考えています。今、起こりうる破局として、いちばん考えられるのは、**イスラム国**[※16]みたいな存在がさらに力を持つことだと思うんです。彼らに対しては、通常の国家に対して使い得る抑止力は通用しない。なぜなら、イスラム国の人々は死を恐れないから。「お互い死にたくないよね？」って気持ちがあるから抑止力が働くのに、そういった安全保障が働かない状況の中で、もしもイスラム国に核爆弾が渡ってしまったら、おそらく彼らは迷いなく使うはずなんです。で、そうなった時に、**MAD**[※17]という相互確証破壊の理論に基づくと、片方が核爆弾を発射すれば、必ずもう片方も発射する。つまり、イスラム国がアメリカに向かって射ったら、アメリカも確実にイスラム国に向かって射つ。それって、人類の破局に相当近くなりますよね。

（※15）ピケティ　→黄之鋒「対話3」参照。
（※16）イスラム国　イスラム教スンニ派過激組織。世界各国で起こす自爆テロが問題視されている。

では、イスラム国に核爆弾が渡る可能性があるかと言うと、**アブドゥル・カディール・カーン**[※18]という、アメリカの指名手配レベルでは、かつての**ビン・ラディン**[※19]より格上のマッドサイエンティストがいるんですね。彼は、「貧困国や発展途上国は（先進国と対等に交渉するために）核爆弾をつくったほうがいい」というMADの信奉者なんですが、実際にパキスタンで原爆実験を成功させたんです。「オレはミシンも自転車もつくれないパキスタンで、最先端の核爆弾をつくってやったぜ」って自慢しちゃうようなヤバいやつで。

で、そのカーンがどこまで核爆弾の製造技術を広めたかは、いまだに分かっていないんです。日本にも持ち込もうとしたし、北朝鮮にも持ち込もうとした形跡がある。ということは、イスラム国に渡る可能性もあるはずで。特に、ウラン弾だったら簡単につくれるんです。プルトニウム型は難しいんですけど。で、そう考えると人類の破局って実際にありえますよねっていう。だって、僕らは既に**キューバ危機**[※20]を経験しているわけで、ありえない話ではない。

そして、これに対抗するのは一国だけじゃ無理なんです。グローバルな人類の破局に対抗するためには、世界を動かしていく人たちが必要じゃないかと。つまり……アベンジャーズ！　地球の危機と戦う人たちを、これから少しずつ組織していかなきゃいけない。その第一歩だと思いながら、僕はSEALDsをやっているわけです。

黄　『エヴァンゲリオン』じゃないんだから……。

奥田　香港の人に突っ込まれてるよ！　核兵器のことは考えないといけないと思うけど、なんか説明がアニメの世界っぽいんだよ。というか、『アベンジャーズ』でも核兵器が出てきて、それが最後、人類を救っちゃうけどね。

牛田　うわぁ、確かにそうだぁ！

黄　台湾ひまわり学生運動の主導者の**林**[※21]**（飛帆）**くんが「20年後に台湾の大統領になりたい」と言っていて、僕もそれが実現すると思っています。だから、20年後、南シナ海の安全保障を巡って、彼と僕と奥田くん牛田くんでアベンジャーズをやる可能性はあるんだけど……できれば僕はやりたくない。

奥田&牛田　（笑）。

黄　人類の破局って結末は嫌ですね。

（※17）ＭＡＤ　相互確証破壊（Mutual Assured Destruction）。核兵器を保有する2国があった場合、一方が核による攻撃を行えば、他方も核による報復を行い、結果として双方が殲滅されるという考え方。翻って、核兵器を所有していれば攻撃されないとして、核抑止論者の根拠となり、世界に核を蔓延させている。

（※18）アブドゥル・カディール・カーン　パキスタンの技術者。１９９８年に自国で核実験を成功させて以降、イランやリビア、北朝鮮などに核開発技術を伝授するなどし、世界的な核の闇市場をつくりあげたと言われる。

（※19）ビン・ラディン　ウサーマ・ビン・ラディン。サウジアラビアのテロリスト。２００１年9月1日の同時多発テロ発生後、アメリカ政府は首謀者はラディンであると断定、２０１１年5月2日に殺害したと発表した。

（※20）キューバ危機　１９６２年10月、キューバを巡って、アメリカとソビエト連邦間の緊張感が高まり、核戦争の発生が不安視された。

（※21）林飛帆　↓陳為廷「対話5」参照。

牛田 だから、破局が起こるのを未然に防ぐことに繋がっていると思うんです、僕たちが今やっていることとって！　黄くんが嫌だと思っても、僕たちはすでにアベンジャーズなんです！

黄&奥田 （笑）。

牛田 ほら、黄くんが『デジモン』って言ったら、「なるほど」みたいな感じなのに、オレがアベンジャーズって言ったら、みんな笑いものにして、誰も話を聞いてくれない。

奥田 たしかに（笑）。だって、『アベンジャーズ』ってチョイスがわけ分かんないだろ。

牛田 わけ分かんなくない！

黄 じゃあ、次のデモの時は『アベンジャーズ』のアイアンマンのコスプレで参加します。

牛田 やった！　じゃあ、オレは超人ハルク。全身、緑にします。

奥田 なんだこの展開（笑）。ただのコスプレ好きアジア人の集いになってるじゃん。

現時点での成果、今後の展望

――アベンジャーズというたとえが妥当かどうかはともかくとして、いま牛田さんが大きな目標というか、長期的な目標について話してくれました。もちろんそれはすごく大切なことなんですが、過去を振り返ると、運動が失敗する理由として、あまりにも大きな目標を打ち出しすぎたせいで過激化したり、目標達成までの長さに耐えられなくなって自己崩壊してしまうということが繰り返されてきたわけで……。

一同 (笑)。

——おそらく社会運動にとって大切なのは、短い成果を積み上げていくことではないでしょうか。学民思潮は既に5年の歴史があるのに対して、SEALDsはまだ結成から1年も経っていないところが大きく違うわけですが。自分たちが現時点でつかんだと思っている成果は何か? について聞かせてください。前回、周庭さんとの対談では、彼女が「占拠《オキュパイ》に関しては賛否両論あるけれど、私たちはあのとき初めて民主主義《デモクラシー》を生きた感覚を持った」とおっしゃっていました。そのように、勝ち負けではなく、自分たちにとっての成果を実感していくことも重要だと思います。

牛田 たとえば、「若者は政治に無関心」とずっと言われていた、そういう言説自体を覆しましたよね。実は若者は政治に関心があったし、この世の中に不満を抱いているし、っていうことを行動で世間に知らしめた。その結果、これまでの日本では、デモがネガティヴなものとして捉えられていたけど、ちょっとずつポジティヴなもの、クールなものとして受け取られつつある。まだ完全にそうだとは言い切れないものの、現時点でこれは成果と言っていいんじゃないでしょうか。

黄 学民思潮が何を得たかというと、はっきりと言えるのは、反愛国教育運動で勝利したことです。実際に法案を撤廃させたこと、これは大きな、確実な成果です。

さらに言うと、これだけ長期間に渡ってひとつの社会運動を持続させたこと自体がすごい成果だなと思っていて。反愛国教育運動の時は、公民広場を10日間占拠《オキュパイ》して、雨傘運動のときは79日間占拠《オキュパイ》した。2016年現在、学民思潮が何をしているかというと、学生組織をやり続けている人もいれば、選挙出馬の準備をしている人もいる。このような新しい運動の仕方をつくり上げたことは、香港社会への貢献ではないでしょうか。

それと、牛田くんも話していたように、もともと香港でも中高生が政治に参加する道がまったくなかったところで、そのモデルケースになれたこと。今、香港では〝公民覚醒〟と言って、雨傘運動の後、市民が公民権に目覚める事態が起きているんですが、そういった感覚を呼び起こして、社会運動をより活発化させたことも確実な成果ではないかと考えています。

社会運動と流行文化を融合させたこともそう。たとえばポスターに『進撃の巨人』[※22]を使って、中国共産党を巨人に見立ててみたり。他にも、かつて香港では社会運動はエリートがやるものだったので、活動宣言を読んでも普通の人には分からない学術用語が並んでいた。でも、それでは一般化しない。学民思潮の宣言文は、自分のお母さんが読んでも分かるように書くことを心がけています。そういった部分で、デモの一般市民化に繋がった。

牛田　学術用語は一切使わないんですか？

黄　学民思潮が立ちあがったときは自分も幼かったので、そもそも専門用語が分かりませんでした。今もできる限り簡潔に書いています。もちろん、たまには専門用語を使うこともあるかもしれないけど、やっぱり、みんなが読んで分かるように書かないと意味がない。

奥田　SEALDsの成果と言うと、デモを一般化したことはもちろん、もうちょっと政治的なところで考えると、小さいですけど変化もあるんです。たとえば2月に南スーダンに自衛隊を派遣することが決まっていたのに、結局、**派遣されなかった**[※23]。こういったことは、明らかに政権支持率と関わっているので、安保法案は通ってしまったけれど、政権に対してのプレッシャーにはなっていると思います。国立競技場の見直しや、辺野古の基地建設が1ヵ月止まったことも、安保法制反対運動が一番盛り上がった時期とかぶりますし。

ただ、これが実際に**参議院選挙**[※24]の結果に影響を及ぼすかどうかは、今から試されるところなので。僕たちの運動に対する評価は、選挙後にまた分かれるかな、と思っていますね。成功だったか失敗だったか、政治的影響力がどの程度あったか、は1年くらい経ってみないと分からないかなと。

それと、いま黄くんが言っていたような、一般の人に訴えかけるということは、ほとんど同

（※22）『進撃の巨人』　諫山創によるコミック作品。『別冊少年マガジン』2009年10月号から始まり、現在も連載中。2013年にはアニメ化、2015年には映画化された。

（※23）派遣されなかった　本対話終了後の2016年5月22日、自衛隊は南スーダンに派遣されたが、安保法制において問題視されていた他国軍部隊の「駆けつけ警護」は任務対象外となった。

（※24）参議院選挙　→周庭「対話1」参照。

じことを思っているというか。実際、僕らも、中卒の牛田くんのお母さんに文章を読んでもらって、「こんなの読めるわけないじゃないの」って怒られて書き直しました（笑）。そういう、市民運動を一部の政治のことが分かっている人たち、もしくは本当に困っている人たちだけのものから、誰でも参加できるものに変えようっていう。それが、黄くんの言う一般市民化ってことだと思うんですけど、僕らもそういうことが少しはできたかなと。日本では70年代以降、学生がデモをするような大きな動きが本当になかったから、僕らの次の世代の先例になれたら良いなと思っています。

というわけで、黄くんにプレゼントがあるんですけど……（SEALDsのTシャツやパーカー、ボールペンなどを渡す）。

黄　ありがとう！

――黄さんにとって、今回の日本滞在はどんな時間になりましたか？

黄　すごく良かった、というのが率直な印象です。こうやって2日間、みんなでずっと話し続けることは、普通はまずありえない。台湾で学生運動のリーダーと食事をしても、せいぜい1、2時間。でも、そんな短時間じゃ深いところまで話ができない。こういったセッティングが、お互いを知る上では絶対に必要なんです。今回の対話はある意味で完璧で、こんなに長い時間をかけて、お互いの組織の状況ややりたいことをゆっくり話せたことに感謝します。

奥田　僕が思ったのは、周庭さんも黄くんも、組織をどうしていくか、長いスパンで何を達成するかをすごくシビアに考えているなと。日本は、デモが文化《カルチャー》としてできたばかりだから、まだそのへんが弱いっていうか、ノウハウもない。話していて勉強になることがたくさんあったし、あと、思った以上に共感できる話が多かったです。主語を香港から日本に変えただけで、「僕らの国の話なんじゃないの？」ってこともたくさんありました。もちろん、社会の背景は全然違うんだけど、同じような悩みを抱えているし、同じような達成感を味わっているし、「オレらもやってるからよく分かるよ」みたいな話がいくつも出てきて面白かったですね。だからこそ、今後さらに交流を深めて、協力していければいいなと。

黄　まずはマニラで再会しましょう！

奥田&牛田　楽しみ！

（2016年1月29日　@本書編集者宅）

DIALOGUE

05

対話——5

中国との向き合い方

陳為廷《ちん・いてい》

×

SEALDs

奥田愛基／牛田悦正

――奥田さんは、SEALDsを始める前に台湾に行ったんですよね？

奥田　はい。2014年の2月に行きました。**孫文の記念館**[※1]のガラス壁の前で、授業が終わった高校生たちがヒップホップ・ダンスの練習をしていて、めっちゃ爆音で**ビースティ・ボーイズ**[※2]がかかっていて。日本だと皇居前でそんなことできないし、感覚が全然違うなって思いましたね。で、僕と同世代の子から台湾の複雑なアイデンティティについて聞いたりもしたし、歴史について学んだりもしたのですが、帰国して2週間後に**ひまわり学生運動**[※3]の**立法院**[※4]占拠《オキュパイ》が始まったという。

ちなみに、台湾の学生との繋がりは、実はその前からあって。**SASPL**[※5]で**特定秘密保護法**[※6]反対のデモをやった時に、最前列で「留学生も特定秘密保護法に反対します」っていうメッセージを、バトミントンのラケットに貼って掲げていた人がいたんです。それがすごく印象的だったので話しかけたら、台湾から早稲田大学に留学に来た何時宜さんっていう子で。で、「なんでデモに来てくれたんですか？」って聞いたら、「これは日本だけじゃなくて、アジアの民主主義《デモクラシー》の問題だから」と言っていた。それがすごく印象に残っています。でも、この「留学生も特定秘密保護法に反対します」って写真を見たネトウヨが、2ちゃんねるに「反日在日朝鮮人500人集まる」みたいなレイシズム満載のデマ記事をあげていて。せっかく来てくれたのに、めっちゃ申し訳なくなりました。

その後、台湾から帰国してすぐにひまわり学生運動が起こって。そうしたら、何時宜さんが「今、台湾で学生たちが立法院占拠《オキュパイ》をやっているから、日本でも応援しよう」と呼びかけて、代々木公園に台湾の留学生たちが500人くらい集まった。僕もそれに参加して、その時、その子

（※1）孫文の記念館　國立國父紀念館のこと。

（※2）ビースティ・ボーイズ　アメリカのラップ・グループ。音楽だけでなく、レコード会社「グランドロイヤル」設立や雑誌『Grand Royal Magazine』の発行を通じて、90年代サブ・カルチャー・シーンに大きな影響を与えた。また、チベット独立支持を表明し、1996年には「チベタン・フリーダム・コンサート」を開催。以降もチベット支援だけでなく、9.11テロ被害者支援コンサート、イラク戦争に反対するプロテストソングのリリースなど、政治的主張も積極的におこなっている。2012年、メンバーのMCAが癌のため死去。

（※3）ひまわり学生運動　2014年3月18日、両岸サービス貿易協定反対デモの参加者のうち、300名ほどの学生たちが立法院内に潜入、占拠を開始。その行動は市民の共感を呼び、新北市の花屋から送られた大量のひまわりが院内に飾り付けられたため、〝ひまわり学生運動〟と呼ばれた。4月6日、王金平・立法委員長が学生側の要求していた「両岸協議監督条例」（立法院などの監視機能を定めた法令）案が法制化されるまで、両岸サービス貿易協定に関する与野党協議を招集しないと表明。同時に、学生側に議場から撤退するよう呼びかけた。このことを受けて、10日、学生たちは退去。陳為廷氏は、林飛帆氏とともに同運動のリーダーを務めた。

（※4）立法院　台湾における最高の立法機関。五権分立（行政院、立法院、司法院、考試院、監察院）のひとつで、日本における国会と同様の機能をもつ。

（※5）SASPL　周庭「対話1」参照。

（※6）特定秘密保護法　周庭「対話1」参照。

たちにSASPLのステッカーが貼ってあるトラメガを貸しました。当時、空いている時間もずっとニコ生とかで占拠《オキュパイ》の中継を見てて、「**ホエホエクマー**[※7]」って聞こえるコールをよく覚えています。

まぁ、そんな感じで、自分たちがデモを始めたのとちょうど時期を同じくして、台湾でもひまわり学生運動が起こって。また、台湾に行ったばかりだったこともあって、立法院を占拠《オキュパイ》しながら歌っている子たちと、孫文の記念館前でヒップホップ・ダンスをしていた子たちや、台湾のアイデンティティについて真剣に語っていた同世代の姿が重なって見えたんです。

陳 何時宜さんは私も知り合いです。実は、社会運動に関わった台湾人が、日本の早稲田大学や北海道大学に留学するケースが多いんです。彼ら留学生たちが、SASPLやSEALDsの運動についてFacebookに書き込んでくれていたので、情報はリアルタイムで共有できていたと思います。

奥田 え、そうだったんですか⁉

陳 特に、昨年8月30日の国会前デモは、台湾の主要メディアでも大きく取り上げられました。ただ、台湾のメディアっていうのは……まぁ、どの国でもそうなんでしょうけど、海外の政治に関する知識があまりなくて。SEALDsの運動についても「日本のひまわり学生運動だ」というざっくりとした伝え方しかしていませんでした。香港の**雨傘運動**[※8]も〝香港のひまわり〟、ウクライナの学生運動も〝ウクライナのひまわり〟（笑）。要するに、自国中心主義的。想像力がない。だから、日本のデモに関しても報道しているけど、たとえば「安保法案はどういうものなのか?」みたいな具体的なことにはあまり触れていませんでした。

一方、台湾の若者たちの多くは、日本のマンガと小説を読んで育っています。私は小説なら村上春樹や村上龍、マンガなら**『メドゥーサ』**[※9]（かわぐちかいじ）や**『ぼくの村の話』**[※10]（尾瀬あきら）を通して、60年代70年代の日本の学生運動の知識を吸収しました。

奥田　どっちのマンガも読んだことない……。

牛田　日本ではマイナーなマンガが、台湾で読まれているのが面白いですね。黄之鋒くんや周庭さんに比べて、セレクトがめちゃ渋い。

陳　おそらく黄之鋒も周庭さんも政治に関心を持つ前からマンガを読んでいたからじゃないですかね。一方、私はわりと早い段階で政治や社会に興味を持ったので、やっぱりその方面の小

（※7）ホエホエクマー　中国の「サービス貿易撤回」＝「退回服貿（トゥイフイフウマオ）」というシュプレヒコールが、日本人には「ホエホエクマー」に聞こえることから、ネットでひまわり学生運動を応援するためのスラングとなった。

（※8）雨傘運動　周庭「対話1」参照。

（※9）『メドゥーサ』『ビッグコミック』1990年〜1994年に連載。70年代学生運動を題材にした作品。主人公・陽子のモデルは重信房子。

（※10）『ぼくの村の話』『モーニング』1992〜1993年に連載。「三里塚闘争」を題材とした作品。台湾では『家』というタイトルで翻訳刊行された。

説やマンガを選んで読んできました。もちろん、そこで取り上げられていた運動は過去のものだったので、それがどういったものだったのか想像するしかありませんでしたし、現在の日本では運動が起こらなくなっていることも知っていました。だからこそ昨年、ＳＥＡＬＤｓがあれだけ大規模な運動を起こし、新たな道を切り開いたことはとても印象深かったのです。

　ちなみに、台湾の知識人には、日本の社会問題や政治問題に関心を持つ伝統があるんです。ここ1、2年で言うと、**柄谷行人**[※11]や**小熊英二**[※12]が台湾へ講演に来ました。すると、その前に必ず彼らの著書の翻訳が出て、講演会には１００人から２００人の若い人たちが集まる。一方で、大多数の台湾人たちにとっては、日本で起きている騒ぎはよく分からない。

牛田　なるほど。僕も愛基と同じで、近い時期に運動を始めたということもあって、ひまわり学生運動には注目していました。ただ、台湾の場合は非常に戦略的というか、代表が2人いて、組織的にしっかりしているところが僕らと違うな、見習わないとな、とも思っていました。あと、立法院って日本で言う国会ですよね？　そこに入り込んで占拠《オキュパイ》しちゃって、相当ヤバいなって。オレらじゃあ、考えられないじゃん。

奥田　警察と押し合ったり、車道に出たりはあるけど……。

牛田　レベルが違う。

——牛田さんは２０１５年8月30日の国会前抗議で、警察の規制が決壊し、車道に人があふれた際、コーラーとして先頭に立って何万もの人々を引き連れ、国会議事堂に向かって歩いて行きましたよね。

牛田 そうですね。ただ、SEALDsの場合、国会の中に入らず、前の道路で止まったんです。僕自身、中に入っていく気はさらさらなかった。なぜなら日本の状況として、運動＝暴力的というレッテルが貼られやすいので、そこは過敏にならなくてはいけなかったんです。そこで、国会の中に入ろうとしてしまったら、「かつての暴力的な市民運動と変わらない」と言われてしまう。ですから、台湾の立法院占拠《オキュパイ》のいきさつが知りたいですね。もともと占拠《オキュパイ》することを考えていたのか、それとも、なんとなく中に入れちゃった、みたいなことなのか。あるいは、占拠《オキュパイ》に対する一般市民の反応はどうだったのか。

陳 私たちは24日間、立法院を占拠《オキュパイ》していたんですけど、期間中、マスコミが頻繁に世論調査をやっていたんですね。で、支持率は初期で70%、後半でも50%くらいはありました。しかし、その数字の高さは、台湾の社会運動が常に獲得してきたものではなくて。なぜひまわり学生運動に関してはそうなったかということは、２００８年の**国民党**[※13]**が政権復帰**した時点まで遡って考えないといけません。

（※11）柄谷行人　１９４１年、兵庫県生まれ。思想家。資本、国家、ネーションを揚棄するアソシエーショニズムの可能性を理論的に追求している。２０１４年11月に台湾を訪れ、講演会をおこなった。
（※12）小熊英二　１９６２年、東京都生まれ。社会学者。２０１５年９月に台湾を訪れ、自身の監督映画『首相官邸の前で』の上映と、講演会をおこなった。

2008年に**陳雲林**[※14]一行が訪台したとき、それに抗議する学生たちが行政院前で座り込みをしました。つまり、2008年の時点では座り込みが限度だったんです。で、その4年後の2012年に、定年を迎えたのに退職金をもらえなかった労働者たちが鉄道を占拠《オキュパイ》する事件があった。また、同じ2012年には〝**反メディア巨獣独占運動**[※15]〟が起きました。台湾には、新聞やテレビを持っている大きなメディア・グループがあるんですけど、実はそのグループが中国と非常に親しい。そこで、「メディアが特定の団体の利益のためだけに動かされることがあっていいのか」と声を上げたんですけど、**馬英九政権**[※16]（国民党）にはまったく話を聞いてもらえなかった。それから2013年に、今度は政府に土地を強制的に買い上げられてしまった農民たちが、抗議のために内務省の玄関まで入り込んだ。それでも、まだ一応は玄関止まり。ちなみに、ここまでの一連の抗議運動は、メディアの世論調査でもあまり支持されていませんでした。

では、2014年のひまわり学生運動がなぜあそこまで盛り上がったかというと、最初、反**両岸サービス貿易協定**[※17]運動もそこまで支持されていなかったものの、馬英九政権が相変わらず何の反応もしなかったんですね。話し合いの場を持つとか、問題解決のための行動をとることをほとんど何もやらなかったので、いい加減、その鈍い態度に社会的イライラが募り、「もっと極端なことをしなければいけないんじゃないか」という空気になってくる。その中で立法院の占拠《オキュパイ》が起きた、と私は理解しています。

ですから、先ほどの牛田くんの質問に答えると、立法院占拠《オキュパイ》には計画的な部分と偶発的な部分の両方があったということになります。計画的な部分というのは、いま話した前史を踏まえて、実は私たちは最初から占拠《オキュパイ》しようと考えていた。2012年の〝反メディア巨獣独占運動〟

（※13）国民党が政権復帰 「2008年に馬英九政権が誕生し、中国との関係を近づける〝大陸政策〟が打ち出されました。しかし、そのことが、かえって台湾人ナショナリズムを高める結果を招いてしまったのです」（陳）

（※14）陳雲林 中国政府の対台窓口である「海峡両岸関係協会」会長（2008年〜2013年）。

（※15）〝反メディア巨獣独占運動〟 2008年11月、中国で莫大な資本を蓄積した台湾食品大手・旺旺グループが、中国時報系、中国電視公司、中天電視台を買収し、巨大メディアグループを作り上げた。旺旺グループ率いる蔡衍明氏は、「メディアの力を借りて、上からの指示にもとづき両岸関係の一層の発展を推進する」と述べ、リベラル路線から親中路線に転換。自身の気に入らない記事を書いた記者を次々と左遷した。そして2012年、ケーブルテレビ大手・中嘉網路の買収合併案が発表され、これが実現すれば12のチャンネル、11のケーブルテレビネットワークを有する巨大メディアが誕生する事態となり、これに反対する学生、研究者、ジャーナリストらが抗議デモをおこなった。

（※16）馬英九 1950年、香港生まれ。1981年、ハーバード大学で法学博士号を取得、台湾への帰国後に蔣経国総統の英語通訳および秘書、中国国民党中央委員会副秘書長などを歴任。その後も政府の要職を務め、1993年に法務部長（法務大臣）に就任。その後は国立政治大学で教鞭を執り、1998年の台北市長選挙では陳水扁候補を破り台北市長に当選。2002年に再選され、2006年12月の任期満了まで同職にとどまった。2008年には民進党の謝長廷候補を破り第12代総統に当選。2012年には蔡英文候補を破り総統に再選した。

（※17）両岸サービス貿易協定 2013年6月に、台湾と中国の間で締結された協定。出版をはじめとするサービス部門の市場開放を目指すもので、実質的に中国が台湾市場を乗っ取ることになってしまうのではないかと、市民からの反感を買った。ひまわり学生運動の現場では「両岸サービス貿易協定＝投降協定（台湾の売り渡し）」というようなスローガンが散見された。

の時に、1回、立法院の敷地までは入り込んでいたんですけど、その時は1時間くらいで警察に追い出されてしまった。だから、今回は事前に相当の準備をしてから再挑戦してやろうと思っていましたね。

ただ、そうやって計画はしていたんですが、まさかそれが成功するとは思っていなかったんです。前回と同じように2時間くらいでまた追い出されるだろうと踏んでいたら、もともと立法院の周りにいたのは数百名だったのに、私たちが中に入り込んで間もなく、1万人以上の私たちを支持する人々が集まって、立法院を囲んでしまった。これには私たちの方がびっくりしました。まったく予想外の展開になったな、と。

それから、牛田くんが「ひまわり学生運動は組織化されている」と言いましたけど、これも非常に偶発的で。私も、もうひとりのリーダーの**林**※18（**飛帆**）さんも、そもそもリーダーだったわけではなくて、立法院侵入を試みた学生運動団体を既に脱退していたんです。ただ、応援に行ったら、たまたま上手く中に入り込めてしまって、誰かが指揮を取らなくてはいけなくなった。そこで、経験者の方が良いだろうということで、急遽リーダーにされたんです。

奥田　立法院占拠《オキュパイ》は、最初300人ぐらいの学生が外で揉み合っていたのが、2階の小さい窓が開いているのを見つけて、そこにハシゴをかけて上がっていったんですよね。その窓はたまたま開いていたのか？　それとも誰かが開けたのか？　が、ずっと気になっていて（笑）。どうやって立法院の中に入れたのかが知りたいです。僕も立法院を観に行ったんですけど、日本の国会議事堂とは違って、実際よじ登ったら入れそうな、こじんまりした建物でしたね。

陳 立法院は、もともと日本植民地時代の宿舎で、議事堂用につくられた建物じゃないんです。だから、まずは日本人に感謝しなきゃいけない。

奥田 つくりがちゃちいおかげで占拠《オキュパイ》しやすかったと（笑）。

陳 で、これは軍事戦略的な話ですけど、普段、北側の門は開いているのに対して、正面玄関と南側の門は開かないようになっているんです。だから私たちの計画では――複数の社会運動グループが参加していたんですけど、ひとつのグループが正面玄関から攻め込む振りをして、警察を引きつける。次に、別のグループが南門でも同じ振りをしたら、立法院にいるほとんどの警察がその両門に集まる。そこでスキを見て主力部隊が北門から侵入しようと。

牛田 楽しそう……。

陳 実際、そのとおりに事が進みました。私の担当は南門だったんです。ところが、普段は開かないはずの南門が、なぜかこの時に限って開いたんです（笑）。これはいまだに謎。警察はいましたけど開いたので、「これは入るしかない」ということで入った。同時に、主力部隊が

（※18）林飛帆　1988年、台南市生まれ。陳為廷氏とともにひまわり学生運動のリーダーを務める。2014年5月、学生団体「島国前進」を結成。国立成功大学政治学部卒業。現在、国立台湾大学大学院政治学研究科修士課程に在籍。

北門から入った。で、詳しくは言えませんが、立法院2階に上って、ある方法で窓を開けたと。もちろん、こういうことに陰謀論はつきもので、「なぜこんなに上手くいったんだろうか？」とは考えます。いくらなんでも上手くいきすぎですから。で、いちばん説得力のある陰謀論は、そもそも馬英九総統と**王金平**[※19]の仲が悪いんです。ふたりは権力闘争をやっている。だから、立法院長としては、馬英九総統に恥をかかせる絶好の機会だったんじゃないかと。台湾では立法院における警察の指揮は院長が取っているので、王金平は自分の権限で「何もしないこと」を選んだんじゃないかと。

奥田　〝偶然〟、門が開いていた理由があるのかもしれない、と。本当かな。けど、これ映画化決定でしょ（笑）。

立憲主義vs民主主義《デモクラシー》？

奥田　ここで、本質的な話として、〝憲法〟と〝民主主義《デモクラシー》〟のせめぎ合いについて、陳さんがどう考えているのかを知りたいです。実際、立法院占拠《オキュパイ》は法を犯しているわけですよね。だから僕がハッとしたのは、自分たちが憲法に基づいて選んだ代表が民主主義《デモクラシー》を守らない時に、主権者である国民が法を犯してでも国会に乗り込んで、「待ってくれ、ちゃんと仕事をしてくれ」と言ったということ。

ただ、台湾はそこで〝革命〟を目指さなかった。憲法を書き替えようとはしなかった。そういう、立法院占拠《オキュパイ》と立憲主義とのギリギリの緊張関係について。あるいは、その理論は行動しながらみんなでつくっていったのかどうかが気になります。

陳　私の考えとしては、たとえば安倍首相が「私は安保法案を民主主義《デモクラシー》に基づいて成立させた。衆議院3分の2で可決されたのだから」と言ったとしても、法案の内容が憲法に反している時点でアウト。とても民主主義《デモクラシー》とは言えない。

その点を踏まえて、今の奥田くんの話について、2点に分けてお答えしたいと思います。

まず、ひとつめ。確かに憲法は代議制民主主義を定めていますけど、一方で、直接民主主義を禁止しているわけではない。要するに、民主主義《デモクラシー》国家において「国民の声をどう反映させるか？」という問題が浮上した時に、代議制民主主義は否定しないけれど、そこに直接民主主義的な要素を取り込んで、議会内と議会外の民意を競争させた方が、よりベターではないかと考えます。

すべてが**相対的多数決**[※20]で良いとなると、「嫌いな人間は死刑にする」という法案だって、投票率の如何によって通ってしまう。もっと現実的なところで言うと「同性婚は認めない」。こ

（※19）王金平　1941年、高雄市生まれ。立法院長（1999年～2016年）。2013年9月に馬英九が王金平に仕掛けた権力闘争「馬王闘争」によって、国民党政府内部に亀裂が生じ、王金平にはその職権範囲内で政治的操作をおこなう余地が生まれた。

れも通ってしまうかもしれない。だけど、それは明らかに差別的で、公正に反する法ですし、そもそも憲法は差別を禁じている。だからこそ、台湾には憲法裁判所があるんです。立法委員（国会議員）の3分の1が請求すれば、その法案が憲法違反の恐れがあるかどうか、憲法裁判所が判断をする。そして、憲法裁判所が違憲と認めれば、相対的多数決を通ったとしても、その法律は成立できないことになっている。これが、憲法の定めている「権力分離」です。

そして、ふたつめ。権力者は、立法院内の代議制民主主義的システムにおいて、様々な権限を持っています。たとえば、ひまわり学生運動で問題になった両岸サービス貿易協定も、総統が法案を通したこと自体は違憲ではない。憲法上、総統はその権限を持っていますから。あるいは、農民の土地を、彼らにとって不利益な条件で買い上げること。これも違法とは言えない。ただ、それらによってもたらされる結果は、明らかに公正に反している。つまり、憲法に反している。そして、その場合、憲法が抵抗権を禁じているわけでもない。ここで出てくるのが、香港の雨傘運動でも使われた〝**公民的不服従**[※21]〟という概念です。「議会内の多数決による民意」と「議会外のデモによる民意」が食い違っている時に、どちらを支持するのか？　台湾の場合は〝議会外の民意〟を台湾という政治コミュニティが支持したんです。

奥田　今の話を聞いて、その感覚が当たり前なことがすごいと思いました。日本で僕が受けてきた授業では、そういった説明って、あまり聞いてこなかったというか。革命を目指すか、もしくは議会を尊重するのか、という二項対立の方が強調されていた気がするんです。

実際、立法院占拠《オキュパイ》までできちゃって、しかもその周りに最大で70万人のデモ隊がいたんですよね。「新しい国をつくります」「新しい国家体制を提案します」と言うことだってできたと思うんですけど、やらなかったわけです。それどころか、24日間占拠《オキュパイ》した後に何をしたかといったら、帰っていった。しかも、次の国政選挙に繋げていく発想があったことに、正直びっくりしたというか。つまり、起こっている現象としては革命的なことで、政権が完全に崩壊したり、国家体制が変わっちゃってもおかしくないんだけど、「次の選挙に繋げよう」となるところが……。

――台湾ひまわり学生運動では、立法院を占拠《オキュパイ》した後に、一部の人々が行政院も占拠《オキュパイ》しましたね。ただ、それに対しては民意が得られなくて、陳さんと林さんも「行政院を占拠《オキュパイ》すると革命になってしまう」と言って反対した、というエピソードがあります。

奥田 左翼って、革命やりたがるじゃないですか（笑）。実際、**アラブの春**[※22]はそこまでやったわけですよね。歴史的にも「台湾」という国は複雑で、一時期は日本の統治下だったし、もともとの**蔣介石**[※23]率いる中国のながれと、先住民と、台湾というアイデンティティがせめぎ合ってるような国だから。「新しく〝台湾〟という国を作ります」という宣言もありえたかもしれな

（※20）相対的多数決　賛成が全体の半分以下でも反対より多ければ「決」とすること。
（※21）公民的不服従　周庭「対話1」参照。
（※22）アラブの春　2010年から2012年にかけて、アラブ諸国に発生した大規模反政府デモ。

いと思うんだよね。

牛田　要するに、ここで言う「革命をする／しない」は、憲法を乗り越えて新しく法をつくるのか、それとも、憲法の枠内でやるかということですよね。

陳　私としては、もちろん、自分たちが革命をやったとは思っていません。たとえば議会・内閣を占領して、その場で新しい憲法をつくる。それならば革命と言われて納得するけど、そもそも自分たちはそういう立場を取らなかった。私たちは現行憲法を認めるし、むしろ解釈の問題で、政府のやっていることの方が憲法の精神に反しているんじゃないかと思ったんです。

要するに、民主主義《デモクラシー》の仕組みは誰もが使えるんです。ですから、**在特会**[※24]が民主主義《デモクラシー》の仕組みを使ってデモをやるのであれば、それはそれでいい。在特会にもデモをする権利がある。だけど、彼らの主張の中身に問題があれば、カウンターをすればいいと思うんです。台湾に在特会は存在しませんが、宗教的にはカトリックが多くて、彼らが「同性婚反対」のデモを頻繁にやっています。すると、必ず同性愛者の方々がそのデモにカウンターをしています。民主主義《デモクラシー》の枠内で相手の主張に反対する場合、カウンターという方法で解決されるんじゃないでしょうか。

ちなみに私自身の主張としては、差別主義者には反対で、同性婚には賛成ですが、私が言う民主主義《デモクラシー》は「最初から在特会を排除しない民主主義《デモクラシー》」ですね。カウンターという形で行動を起こすことは、一種の対話だと思っています。それがあるからこそバランスの取れたものになる。先ほど言っていたとおり、ひまわり学生運動に対しても「立法院の次に行政院を占拠《オキュパイ》した行動は過激すぎる」という社会の反発もありました。ただ、そうやってバランスが取れる。それが健全な民主主義《デモクラシー》じゃないかなと思います。

政治と文化《カルチャー》の関係

――話題を変えましょう。日本や香港と違って、台湾のひまわり学生運動は明確な成果を挙げました。SEALDsも運動を始めるにあたってインスパイアされたところがあると思うのですが、台湾の場合、そもそも社会運動の歴史が連綿と続いているし、市民の政治的関心も高いし投票率も高い、という風に背景が違う。

一方、政治的関心も投票率も低い日本の場合は、まだ目に見えた成果を挙げられていない。では、ひまわり学生運動が〝成果を挙げた〟ということについて、奥田さんと牛田さんはどう思っているのか？ について聞かせてください。それは、〝背景が違う〟で済ませて良い問題なのか。今後のSEALDsの方針にも関わってくることだと思うので。

牛田 座談会が始まる前に、陳さんが奥田くん表紙の『Quick Japan』[※25]を見て「運動の代表が

（※23）蔣介石 初代中華民国総統。1887年生まれ、1975年没。
（※24）在特会 〝在日特権を許さない市民の会〟の通称。

雑誌の表紙を飾るなんて、台湾では許されない」と冗談混じりに言いましたよね。オレも最初に見たときはギョッとしたんですけど（笑）。実際、SEALDs内部でも批判がありますしね。でも、愛基は関係なくやっちゃうわけじゃん。オレもいちいちSEALDs全体に許可を取らずにやっちゃうことはありますしね。それは、SEALDsが組織化されていないということもありますけど、『Quick Japan』の表紙になることは確実に意味を持っていると愛基が思っているからで、要するに「SEALDsがやっているのは、直接的な政治運動だけではない」ということなんだと思います。〝政治〟の中だけに収まらない運動を、僕らはやっているという意識があるってことですね。

——政治よりも、サブ・カルチャーが大きい国だからこそ、後者にも踏み込んでいかなくてはいけないということでしょうか？

牛田　日本では、まずそこから始めないといけなかったっていうのがあって。もしくは、最初に「この社会を良くしたい」という意識を持ったとして、そのためには〝政治〟の土俵に乗っていないと思っている人たちを、そこに乗せる必要があった。日本では、政治運動をしているだけでは社会が変わらないんです。そもそも政治に無関心な人たちがたくさんいて、その人たちに「あなたも、実は政治の土俵に乗っているんだよ」ということを認識させるところから始めないといけない。

つまり、ひとつのゲームの枠組があったとして、自分はそこから出て発言していると思っている人たちがいるんです。普通、〝民主主義《デモクラシー》〟を問題にした時は、誰もがゲームの中にいる前提の話になるはずなのに、この国では、「その枠組から出て、発言してもOK」というような考え方が一般的に流通してしまっている。ただ、それだと国は変わっていかないわけで。だから、僕らは、彼らの土俵に乗っかって話を進めることを選び取ったんですね。それが僕らの闘争の方法なんです。

——たとえば日本では投票率が低いわけですが、選挙に行かずに民主主義《デモクラシー》の恩恵を受けている人たちがいると？

牛田　そうですね。結局、日本で生きている以上は憲法で守られているし、そのゲームの中にいるのに、勝手に「ゲームの中にはいないよ」と言っている人たちがいるということですね。「そんなわけないだろ」って全体像を見せるのが、僕たちの役目だったんです。そういう意味では、政治＝文化《カルチャー》と考えているところもありますね。

——むしろ、政治∧文化《カルチャー》と考えている人たちが多いからこそ、サブ・カルチャーの雑誌に出て、政治について考えてもらう必要があるというわけですね。

牛田　でも、現実は逆なんです。政治という大きい枠組みがあるからこそ、その中で文化《カルチャー》が成

（※25）『Quick Japan』１９９４年創刊のカルチャー雑誌。同誌１２４号表紙は、奥田愛基が飾った（撮影・荒木経惟）。

立するわけで。日本の人たちは、認識違いをしている。そこを逆転させなければいけない。

陳　では、私から素朴な質問です。なぜ安倍政権の支持率があんなに高いと考えていますか？

奥田　安倍政権を支持している人の理由の内訳を見ると、一番が「他の政党よりましだから」なんですね。で、その次が「経済政策」みたいな感じで、要は積極的に安倍政権を支持しているわけではないんです。ただ、野党のイメージがあまり良くないのと、いまの日本でそのモヤモヤを救い上げるような形で、市民運動が影響力を持てていないという現状があると思います。もちろん不支持率も40パーセント以上あるのですが、過半数はなかなか越えない。

いまの日本においては、社会運動がマジョリティじゃないというか、一般市民の間で運動に対するイメージが悪いんです。だから、２０１２年のとき脱原発運動が盛り上がっても、政党政治にまではなかなか影響しなかった。だけど、やっと野党第一党の党首がデモに参加してくれるようにはなって、野党共闘も実現するかもしれないと。陳さんからすると「まだそこかい！」って感じでしょうけど、現状はそのレベルですね。

あるいは、ＳＥＡＬＤｓの中心メンバーは数十人なんですけど、それぞれ支持政党があるわけではないし、ましてや政党と繋がりがあるわけでもない。また、労働組合に入っているわけでもない人たちが、「どうにかして政治に参加したい」と思ったときに、逆に言うとデモしかなかった。デモしかなかったということは、既存政党との繋がりがないことの裏返しなので、なかなかすぐには政党の支持率に影響を及ぼさないということなのかな……。脱原発運動などは、ある程度成功したと僕は考えていますけど、国民の成功体験になっているかどうかは分かりません。まあつまり、一言でまとめると、日本は運動で「政治」や「社会」が変わった経験が一度もない……とみんな思い込んでいるわけです。過大評価してもしょうがないですが、過小評価しすぎじゃないかとも思います。

陳 まず、牛田くんが話してくれた政治と文化の関係ですが、文化的アプローチで理解してもらうことも大切ですけど、台湾でデモの要因になるのは、結局は全部、生活実感で分かる問題なんです。たとえば土地の強制収用。これって、次は自分の家かもしれない問題ですよね。

労働者が退職金をもらえなかったことも、次は自分がそうなるかもしれない。メディアの報道の自由も同じ。自分が毎日観ているテレビが、実は偏向していて、特定の資本家の意見しか代弁していないんじゃないかと。他にも〝**洪仲丘事件**[※26]〟というイシューがありました。兵役に参加していた洪仲丘さんが、軍隊の中で亡くなった事件。これも、男子学生は、みんないずれ兵役に行くわけだから、明日は我が身かもしれない。

こうしたさまざまなイシューを通して、「私たちの生活こそが、政治そのものなんだ」と訴える。人々の生活に近いところから課題《アジェンダ》を掘り出して、より多くの人々を巻き込んでいく。そ

（※26）洪仲丘事件　2013年7月、台湾陸軍内で起きた、洪仲丘下士官の死亡事件。洪氏の遺体は司法解剖され、死因は「過度の運動により引き起こされた熱中症・低ナトリウム血症による多臓器不全」と判明。

うして運動を大きくしていくことで、成果が得られると思っています。

それと、台湾の場合、学生運動は各大学でサークル化しているんですね。そして、ジェンダー、農民、司法改革などのイシューに特化したサークルが、様々な社会問題に取り組む大学外のグループと交流している。そこも日本との顕著な違いだと思います。

奥田くんの話を聞いていて思ったのは、台湾と香港の違いは分かりやすいんです。香港には普通選挙制度がない。台湾の場合はある。だから、香港は普通選挙制度を求める運動をやっているし、台湾の場合は選挙運動をやっている。では、同じように選挙制度がある日本と台湾はどう違うのか？

奥田　つまり、選挙を〝運動〟としてやればいいという意味ですよね？　それ、日本ではめちゃくちゃ新鮮な言葉ですよ。少なくとも僕が生まれてから、日本でそんな試みをやった人はいない。だからこそ2016年は、全国レベルで選挙の光景を変えたいんですよね。デモのスタイルが一新されたように、選挙のスタイルも一新したい。政治家や候補者だけが話す選挙ではなくて、市民が主役の選挙にしたい。

陳　台湾・**民進党**[※27]って、もともとデモや街頭抗議で頭角を現した政党なんです。だから、大衆運動を汲み上げることに長けているし、草の根レベルでの政治手腕に長けている運動家もたくさんいます。そこで、日本について知りたいのは、共産党はどういう存在なの？　どういう役割を担っているの？　ということ。

奥田 やっぱり陳さんも気になりますか（笑）。共産党に関しては、社会党が力を失っていく中で、独自の草の根ネットワークや組織を築いているとは思います。というか、日本でちゃんとしたネットワークのある政治政党って、自民党と、公明党と、共産党ぐらいしかなくて。それ以外は、市民の生活に根差した広がりみたいなものを持っていないように感じるな。だからこそ今、共産党って注目されているんだと思うんですけど。共産党自身も、かなり穏健路線にシフトしつつあることで支持も増やしている。ただ、共産党は単独で政権を取る気なんてさらさらないし、そもそも現実的ではないでしょう。

陳 そこで、ＳＥＡＬＤｓが政党をつくる気はないの？

奥田 で、当然その話になるか……（笑）。

陳 今までの議論を踏まえると、奥田くんと牛田くんが選挙に出てもおかしくない。実際、台湾の場合は、「国民党も民進党もダメだ」という中間層の受け皿になる政治勢力が必要ではないかということで**時代力量**[※28]をつくりました。で、この間の選挙では、民進党と協力したんですね。台湾も小選挙区制ですから、単独では絶対に議席を取れないんです。そこで、民進党が譲る形で5議席取った。今後どうなるかは分からないですけど。

（※27）（台湾の）民進党 正式名称・民主進歩党。現在の主席は蔡英文。２０１６年1月の総統選挙では蔡英文氏が圧勝し、同日おこなわれた立法委員選挙でも過半数を制した。党のイメージカラーは緑。

台湾ナショナリズム

――続いて、「民主主義《デモクラシー》とナショナリズム」についてうかがいたいと思います。今、アジア各国で起こっている新しい社会運動のキーワードとして、そのふたつが挙げられるのかなと。たとえばひまわり学生運動は〝台湾人〟というアイデンティティを打ち出していますし、SEALDsも左派の運動である一方で〝国民〟という言葉を使ったりと、ナショナリスティックな点がしばしば指摘されます。〝民主主義《デモクラシー》〟と〝ナショナリズム〟は、もしくは、新しい社会運動のグローバルな共闘はどのように両立されるのか。

奥田　冒頭で話したように、僕はSEALDs結成前に台湾に行った際、同世代の学生たちと交流したんですね。彼らが言っていたのは、台湾という国の成り立ちには複雑な背景があって、世代によって、アイデンティティの感覚がかなり違うと。植民地時代を経験して日本に親近感を持っている人もいるし、台湾を構成しているもともとの民族に誇りを持っている人もいるけど、自分は台湾人として、台湾という〝国〟にアイデンティティを持ちたい、というようなことを語ってくれたんですね。要するに、イギリスから新大陸へ渡った人々が〝アメリカ人〟というアイデンティティを持ったように、ルーツをリスペクトしつつ、自分たちのアイデンティティを確立したいと。それって、〝主権者〟とか〝国民〟という意識が当たり前にあって、自分が住んでいる土地に誇りを持たないと、なかなか出てこない発言じゃないですか。そういう、「この国に生きている人間だからこそ、この国を変えていく」という想いを僕は台湾の運動に感じています。

で、自分たちに照らし合わせてみると、「自分は日本人だ」という意識は当たり前すぎて、実際にはいろいろな背景の人がいるのに、一般的には「日本人とは何か？」と問わないで済むことになってしまっている。その差が印象的でした。

陳 台湾の民主化運動は、同時に独立運動的な要素も含みながら展開されてきました。それは、国民党政権になって始まったものではなく、もっと以前から続いています。

たとえば、日本の植民地時代に、台湾から日本に渡った留学生たちが、日本共産党の結党に参加しているんです。彼らが目指していたのは、共産主義革命と台湾民族独立革命の両方でした。それは、もっと大きな視点で見れば、第一次世界大戦以降の全世界的な民族自決の潮流の中で起こったことで、要するに「自分たちの将来は、自分たちで決めるぞ」と。そういった意識は、ずっと前から台湾にあったんですね。

しかし、戦後は国民党政権になって、民族自決運動や、知識人・左翼に対する弾圧が行われ、

（※28）時代力量　2015年1月、ひまわり学生運動から生まれた政党。主席は法学者の黄国昌。2016年1月の立法委員選挙では、小選挙区3人、比例区2人の合わせて5人が当選。第3党に躍進した。

戦前にそういった運動をやっていた人たちが消えてしまった。それが、70年代〜80年代以降、もう一度、台湾ナショナリズムが復活してきて現在に至ると。

ちなみに、ここは誤解されやすいんですが、日本では〝ナショナリズム〟という言葉に、人種的・民族的な意味合いがありますよね。一方、〝台湾ナショナリズム〟と言う時の〝ナショナリズム〟は、「その土地に住んでいる人たちが、自分の子孫やその土地の将来について、責任を持って考える」という意味なんです。

そして、台湾ではそういったナショナルなアイデンティティ——「私たちは台湾人であって、中国人ではない」という考えが民主化の原動力となっています。政治学でもよく言われることですが、ある場所においてアイデンティティを形成しえて初めて、民主化が起こります。私たちも、自分たちのアイデンティティが、中国など他のアクターに影響されたくないからこそ、運動を進めてきたのです。

他方で、ナショナリズムにはポジティヴな側面だけでなく、反動的な側面もあって。グローバル化が進んで、とりわけ中国資本がいろいろと進出してくると、ナショナリズムが台湾国内の〝社会的な憂さ〟と繋がってしまっている部分もある。日本の在特会なんかもそうですよね。台湾でも、右翼的な独立派は中国人に出ていってほしいので、「中国人留学生はアルバイト禁止」「中国人には医療保険を適応すべきではない」みたいな主張をしています。ただ、私は「それはおかしいだろう」という立場です。

また、香港の場合は、中国との緊張関係がさらに強くて、ある種の中国人排斥運動すら起きているんですね。たとえば、大量の中国人が香港に殺到して、香港人たちの生活必需品を買い占めてしまっている。香港人からすれば、「自分たちの生活が成り立たないじゃないか」と。そこで、非常に差別的な言葉ですが、〝黄色い虫〟という隠語で、中国人を悪く言っている人たちもいるんです。

台湾でも、右翼的な人たちは〝白蟻〟という呼び方で中国人を差別している。ただ、それは中国共産党が香港や台湾にかける一方的な圧力が原因で起こっている摩擦であることも確かで。ですから、私は、そういったナショナリズムが持っているふたつの側面――民主主義《デモクラシー》の基盤となるポジティヴな側面と、差別に繋がるネガティヴな側面。それらのバランスをどうやって取ればいいのか、ずっと考えています。

牛田　僕も、ナショナリズムそのものは悪いものだと思っていません。生きていることを肯定するようなナショナリズムもある。つまり、「みんなと共にここに生きている」という感覚。それは至って当たり前の感覚です。人間はひとりでは生きていけないので。あるいは、「これまでの歴史があったから、今ここに僕らがいる」という感覚。たとえば、僕らがこういう風にコミュニケーションをとって一緒に生きていられるのも、日本語があるからですよね。ですから、既にある共同性みたいなものを肯定していくナショナリズムはあるし、それが民主主義《デモクラシー》を活性化していくんだろうなと思います。そして、そういったナショナリズムは、ひまわり学生運動にもSEALDsにも見てとれる。

一方で、僕らが「安倍政権に反対する」と言うと、Twitterなんかで「非国民だ」とか「愛国心がない」とかリプライを送ってくる人たちがいるんですよ。で、彼らのアカウントを見てみると、一切まとまりがないんですね。要するに、そういった罵倒を飛ばしてくる人たち同士の繋がりが全然見えなくて、むしろ、個人個人が見捨てられているようなイメージがあるんです。対して、SEALDsはやっぱり繋がりを持っているというか。

だから、ナショナリズムはあっていいし、むしろそれがちゃんとあるからこそ他国と仲良くやっていけるんじゃないかと思うんです。ただ、その程度が難しいんですけどね。陳さんが言うように、反動的になる危険性があることはもちろん認識しておかなきゃいけない。

陳 ナショナリズムって、固定された概念ではないんですよね。常に流動的で、国民それぞれが、自分の属する共同体について今どういった想像の仕方をしているのか、という問題です。
たとえば、日本の**60年安保**[※29]があれだけ盛り上がったのは、岸首相が「アメリカ大統領が来る前に安保条約を通して、お土産にしたい」と考えたと。それは国家主権の問題ですよね。**岸首相**[※30]の全体主義的な政治の進め方が、前の大戦の記憶とくっついた。当時の学生たちが持っていたナショナルな想像はおそらくそういうものだったと私は考えています。それに対して台湾では、台湾独立運動を押し進めた**史明**[※31]や**鄭南榕**[※32]らの物語が、私たちにとってのナショナルな想像となりました。植民地支配下での抵抗、あるいは国民党政権下での抵抗。

反動的な側面も警戒しながら、同時に〝市民社会〟という包容力を持った概念でもって、ナショナリズムが極端に振れない形に調整していく。〝台湾〟というナショナルな市民社会をつくるにあたって、なるべく多くの、それまで除外されてきた人たちも入ることができる社会にしていく。たとえば、国外からやってきた人でも、台湾の人と結婚して、今、台湾に住んでいるのならば、〝台湾人〟として定義するのが良いのではないでしょうか。

〝ネトウヨ〟はどういう人たちなのか

陳　気になるのは、先ほど牛田くんが「非国民」「愛国心がない」と批判されると言っていま

（※29）60年安保　戦後日本最大の市民運動。1960年5月19日、岸信介首相（当時）が日米新安全保障条約を強行採決。安保反対デモは岸内閣退陣を要求する抗議デモへと変わり、デモ参加者数は6月15日には主催者発表33万人、警視庁発表13万人にまで膨れ上がった。岸内閣は混乱の責任を取り総辞職に追い込まれた。

（※30）岸首相　第56代、第57代内閣総理大臣。安倍晋三首相の祖父にあたる。

（※31）史明　1918年、台北州生まれ。台湾独立運動の指導者のひとりで、「独立台湾会」設立者。

（※32）鄭南榕　1947年、宜蘭県生まれ。1987年4月、当時の台湾ではタブー視されていた台湾独立を公の場で主張。翌年12月には「台湾共和国憲法草案」を雑誌『自由時代』に掲載。1989年、高等検察庁から反乱罪容疑で出頭を命ぜられるも、「言論の自由」を主張して自由時代社に立てこもり、4月7日、警官隊に包囲される中で焼身自決を遂げた。鄭南榕氏の死は台湾全土に大きな衝撃を与え、その後の台湾独立運動に多大なる影響を与えた。

したが、では、その批判をしてくる人たちは一体どういったナショナルな想像をしているのだろう？　ということです。別に集団的自衛権がなくたって国を守れるわけですから、逆に、集団的自衛権からどういったナショナルな想像をしているのか。それが、私にはよく分からない。

奥田　いや、本当にそうなんです。おそらく……アジアへの差別意識は根強く残っているんだろうなと思います。実際、戦時中はそういう教育をしていたわけですし、戦後も、そういった意見がマジョリティになることはなかったけど、社会の一定層の間では「中国や韓国には負けたくない」という意識があった。それが、日本経済が良くなくなってくる中で、徐々に台頭していったのかなと。「日本はこんなに美しい」とか言っている本が、日本人向けにたくさん売られだしたのも、自信のなさの表れでしょう。フランスだってそうですけど、不況時に排外主義的なものが出てくるのは先進国のセオリーなのかもしれないですし、日本も例外ではないってことですね。

ただ、そういった時に、日本の場合、不思議なのは、普通ならアメリカに対しても反発する動きが、右翼から出てもおかしくないと思うんですが、なかなかそうはならない。

もし、民主党が与党だった時に「安保法制で中国と集団的自衛権をやります」と言ったら、たぶんものすごい反感を買っていたと思うんです（笑）。「国を売るのか！」と。あるいは、「中国の戦争に日本が巻き込まれる」ということで、反・安保法制の下に国民の一致団結がありえたのかもしれないけど、対アメリカになると……とにかく、日本は敗戦国で、実質的にアメリカの占領下にあったので、ある種のねじれた信頼感を持っている。そもそも、安倍首相が海外では右派、あるいは歴史修正主義者《リビジョニスト》の台頭として見られているにも関わらず、実際にやっている行為は、集団的自衛権にしても、新しい米軍基地をつくることにしても、極めて親米的ですからね。それなのに、SEALDsが「集団的自衛権に反対する」と言うと、「売国奴」みたいなことを言われてしまう。つまり、現在の日本では、右派的な愛国主義と、親米主義が繋がっているんですね。まぁ、昔から自民党は親米保守で、その言葉自体かなり矛盾している気もするんですけど。

陳 それと、年齢層が気になりますね。SEALDsを「売国奴」だという書き込みをしている人たちは若いのか、そうではないのか。

奥田 若い人もいる気がしますが、在特会のデモなどネットにあがっている映像では中年層が多いですよね。これらの人は少なくともマジョリティではないはずなんです。もちろん1億2千万人は日本に住んでいますから、人口全体の1割でもいたら大変なことです。一方、左派の中には「在特会みたいな人が国のトップを握っていて〜」と言う人もいるんですけど、僕はそうとも思わなくて、安倍首相は親米保守という面ではバランス感覚がすごいですよね。アメリカに注意されてからは靖国神社参拝もしていません。ただ、先ほども言ったように、一部の日本人の中では「中国、韓国、北朝鮮は嫌な国だな」みたいな思いが根強く続いているのも確かです。

――戦前・戦中の覇権主義が、戦後の親米主義とねじれた形で繋がって、自分たちを名誉白人だと勘違いしている、というところでしょうかね。

奥田　長くなりそうなんでまとめると、「台湾・国民党は愛国的なのか?」という問題に近いかもしれないです。台湾で国民党を支持している人たちにとっては、中国寄りの政策だとしても、台湾のことを思ってやっているという……。それは、他国から見るとねじれているんだけど、日本もまた同じような構造なのかなと。まぁ何にせよ、ナショナリズムというものも、それだけでは肯定も否定もできないです。民主主義《デモクラシー》と同じで、注意深く見続けるしかない。

牛田　陳さんの先ほどの質問は要するに、「〝ネトウヨ〟ってどういう人たちなのか」ってことですよね?　僕は、いわゆる〝ネトウヨ〟にも何種類かいると思っていて。

哲学者の**ジャン=ピエール・デュピュイ**[※33]が「人間は神々をつくり出すマシーンである」という言い方をしているんですね。つまり、人間はもともと、何か信じる価値や規範がないと生きていけない。しかし、現代には社会全般に通底する強固な価値や規範がないから、個人は生きるための価値や規範を自分で選択したり、作ったりしなければならない。これってけっこう辛いことで、**ピエール・ルジャンドル**[※34]はこれを「規範のセルフサービス」と呼んでいます。〝ネトウヨ〟の人たちもそうで、自分の中の妄想――修正された歴史を選んで価値にしている。ただし彼らは転倒しています。本当であれば〝生きるための価値〟であるはずなのに、〝価値のために生きている〟という歪んだ状態に陥っていると僕は思っています。

でも、そういう人たちって日本にたくさんいるんですよ。近代になって〝神々〟は抹消されたわけですけど、日本は特に「あれも正しい」「これも正しい」って価値相対化をやり過ぎて、どんな職業だろうとどんな年齢層だろうと歪んだ形で価値を選択してしまう土壌があるんだろうなと。

このタイプの〝ネトウヨ〟的なものが育まれる土壌は、日本に限らずあるとも思っています。たとえば、その究極形としての、**イスラム国**[※35]。彼らはまさに〝価値のために生きている〟わけですから。

一方で、単なる愉快犯もいます。ネトウヨで、逮捕された人のインタヴューを読んだことがあるんですけど、その人は別に愛国者ではないんです。愛国者を演じているだけなんですね。

（※33）ジャン＝ピエール・デュピュイ　フランスの哲学者。スタンフォード大学教授。政治哲学、経済哲学、科学哲学などを横断的に論じる。破局を不可避なものとして捉える「賢明な破局主義」を提唱。入り口としては、簡単ではないが、デュピュイ『ツナミの小形而上学』（岩波書店）、渡名喜ほか『カタストロフからの哲学』（以文社）がおすすめ。牛田の卒業論文のテーマはデュピュイの思想。（牛田）

（※34）ピエール・ルジャンドル　フランスの法制史家、精神分析家であり、ドグマ人類学の提唱者。制度性（人を生かす制度）の観点から主体の形成を考察する独自の理路を切り拓いている。こちらも難しいがルジャンドル『同一性の謎』『西洋をエンジン・テストする』（ともに以文社）、もしくはルジャンドル『ロルティ伍長の犯罪』（人文書院）の西谷修による解説が入門としておすすめ。ちなみに牛田はドグマ人類学研究で博士論文を書こうと考えている。（牛田）

（※35）イスラム国　→黄之鋒「対話4」参照。

規範、価値、モラルがないままなんです。とりあえず炎上させて、ひたすらディスって、それをリツイートする人が多くなることが楽しい……極端な人はそこまでいってますね。

歪んだ形で価値を求めるのか、価値のないアナーキーの中で他人の不幸を嘲笑して生きるのか、生きるために肯定的な形で価値を求めるのか。僕は最後の考えが大切だと思います。

誰が台湾を守ってくれるのか？

――そういえば日本の右派が、台湾の学生運動に〝反・中国共産党〟という点で共感し、連絡を取ってきたという話を聞きました。ただ、陳さんのお話を聞いていると、保守というよりはリベラルな思想を持たれているわけですし、その日本の右派のアプローチはねじれているように思うわけです。

一方で、陳さんも、**学民思潮**[※36]の黄之鋒さんも周庭さんも、SEALDsに日本共産党について質問されていたように、当然、日本の左派に関してよく分からない部分も多いでしょう。そこから、先ほどの質問に繋げると、ある種のナショナルな思想が自国の枠を越えてグローバルに結びつこうとする時、どうしてもねじれや勘違いが生まれてしまうと思うんですが、それをどう乗り越えるべきかについてうかがいたいです。

陳　おっしゃるように、ひまわり学生運動の直後、日本の右派寄りの学生たちがひまわりの学生たちに接触してきました。1回目は私の学生運動グループではなくて、他のグループのところに来たんですけど「沖縄に来ないか?」と。彼らは相手がどんな人たちなのかよく知らなかったので、「まぁ、良い話じゃないか」と思ってOKを出した。そうしたら、その後で、日本にいる台湾の留学生から「行っちゃいけない。それは右翼だよ」と。とは言え、OKの返事をしてしまったし、飛行機代と宿泊代は全部向こうが出すという話だったので、行ったらしいんです。

で、沖縄で座談会が開かれて、その場で台湾の学生が「米軍基地には反対だ」と言ったら日本の右派学生たちが怒っちゃって(笑)。他にもいろいろとスケジュールあったらしいんですけど、「もう知らん」みたいな感じで放っぽり出されて。台湾の学生はヒマになってしまったので、どうせならと米軍基地前にいた反対運動の人たちと合流したという。

奥田&牛田 (笑)。

陳 2回目は、私たちのグループに「早稲田大学で講演をやらないか?」と依頼があった際、話を進める中で、また例の右派学生が出て来たんです。で、事前に台湾の留学生から「これはヤバい、行っちゃいけない」と言われたので結局行かなかった。

ただ、台湾が「中国という巨大な存在が武力で攻めてくるかもしれない」という、具体的な

(※36) 学民思潮 周庭「対話1」参照。

安全保障上の問題を抱えていることは確かなんです。ところが、大多数の台湾人は戦争についてほとんど考えたことがない。意識したことすらあまりない。なぜかと言うと、彼らは「アメリカと日本によって守られている」と考えているから。そして、台湾の2大政党（国民党、民進党）はどちらも「日本の安保法制は、台湾の平和に積極的に貢献できる」ということで、基本的に同法制に賛成しています。ましてや台湾の右派にとっては、安倍政権はありがたいんです。これは皮肉な話ですが、日本が軍国主義になってくれた方が中国と渡り合えるわけですから。

他方、私のような学生運動家からすると、自民党は台湾の国民党に似ているので嫌い、という感情があります。ですから、いま言ったような右派の意見に同調はしませんけど、反論できるかと言えば、とても難しい。

アジアの民主化運動の連携を考えるとすれば、互いに共通認識が必要ですよね。もし、私たちがＳＥＡＬＤｓの安保法制廃止に賛成したとしましょう。だとすれば、私たちはどうやって台湾の右派に向き合うべきなのでしょうか。「誰が台湾を守ってくれるのか？」「どうして日本の学生運動団体を支持するのか？」。彼らのこうした問いにどう答えるべきなのでしょうか。

奥田　なるほど。

陳　誰だって自分の国がいちばん大事です。たとえば戦争になった時、日本が武力を使わない代わりにどんな支援をしてくれるのか。そういった右派への説得材料があれば、私としても、もう一歩踏み込んで運動の連携を考えられると思うんですが。

奥田　分かりました。オーソドックスな考え方として、軍国主義とか反動的ナショナリズムは、煽れば煽るほど加熱していく側面があると思います。戦前の日本も「米国の脅威がある」と言って国内を煽っていたわけですけど、最終的には日本から攻撃した。そういう風に、軍備を増強して冷戦みたいなことを続けていると、むしろ国際関係は不安定になる。どちらかというと和平路線の方が関係を落ち着かせる、という見方もできるのではないでしょうか。

正直なことを言えば、リスクはどちらにもあるでしょう。ただ、軍拡路線にも和平路線にもリスクがあるとして、どちらがマシかを考えたら……台湾はどちらを選びますか？　もう1回、第二次世界大戦前夜のような、あるいは冷戦時代のような世界に戻りますか？　日本が軍備を強化して緊張関係を煽ると、当然、中国も軍備を強化するわけです。日本としては、第二次世界大戦の結果から戦争に勝てないことは明らかなわけで。島国ですし、国内総生産が3割程度では、石油の輸入が止められたら国自体が運営できなくなる。また、何もそれは日本だけの問題ではなく、年が明けてから北朝鮮の核実験やイランの不安定化が要因となって、世界同時株安になっている。もはや一国だけで経済が回っていかない状況の中、ましてや日本と中国は輸出入が1位2位といった関係で。対立を煽って「いざ」となった時には日本は戦争どころではないというか、自国を運営できなくなる経済体系の中にいる。合理的に考えても、緊張関係を煽ることが得策になることはないと僕は考えています。

で、他の道がないか探っていかないといけないわけです。ただ、軍事より分かりやすい話ってないですから。撃たれたら撃ち返すっていうのは非常に分かりやすい。それに比べて、対話路線はなかなか成果が見えにくいんですけど、そこで本当に有効なのは何か、知恵を絞っていかなきゃいけない。尖閣諸島など、領土問題のことを取り上げる人は多い一方で、「尖閣諸島は台湾領である」と蔡英文氏が発言したのにも関わらず、そのことを理由に日本が軍備増強したり、台湾を攻撃しようとは誰も言いません。中国ともこのような関係になれないものかと思います。

たとえば、黄之鋒くんは中国国内で運動をやっているわけですから、中国に対して民主主義《デモクラシー》的な価値観を認めさせるというか、「さらなる軍事化よりも、こっちの方が経済的に良い」というヴィジョンを示していくのもひとつの手段なのではないかと思っています。

――陳さんがおっしゃる〝中国の脅威〟についてですが、軍事的脅威を感じている人は本当に多いんでしょうか？　日本では、そう考えているのは一部の極端な人たちで、大多数の人たちが何となく感じているのは、むしろ経済的脅威、中国経済に取り込まれる不安だと思うんです。

陳　確かに、短期間で実際に戦争になる可能性は高いとは言えません。しかし一方で、軍事的な脅威は、直接的な戦闘に限られるものでもありません。敵の空間を狭めていく、という手法もあります。たとえば2015年3月に起きた、中国の**防空識別圏の問題**[※37]が最たる例です。以前、防空識別圏は、中台中間線から離れた中国側に引かれていましたが、それが徐々に中台中間線に近づいてきて、今では台北にある総統府まで戦闘機で5分で行ける距離にあるのです。

彼らはこうした軍事的行為によって、台湾の人々の恐怖を煽っているのです。つまり、中国は1回の大規模な軍事攻撃で攻め入るのではなく、むしろ、少しずつじわじわと攻めて来ているのです。そこにはもちろん、経済的な脅威もあります。これが、私たちが現実的に突きつけられている問題で。戦争か平和か、その選択肢さえも私たちの手中にはないのです。中国は「台湾統一の問題は遅かれ早かれ解決する」と言っていますが、そこに台湾側の意思決定権はありません。そうした状況下で、私たちは戦争を前提として考える必要があるのです。

そして、先ほどの質問に戻ると、日本の台中危機への対応はどんなものになるのでしょう。確かに、奥田くんが言ったように、アジアの社会運動の連携のための共通認識として「中国の民主化を推進する」というものがありますよね。それはひとつの解決策ではあります。ただ、「では、実際にどう実行していくか?」という問題にぶつかるわけです。

――なるほど。陳さんは戦争を、より切実なリアリティを持って考えているわけですね。ただ、ひとつだけ付け加えると、SEALDsは日米安保同盟を否定しているわけではないですよね?

（※37）防空識別圏の問題　中国大陸が新たに台湾海峡の中間線付近に設定した航空路「M503」。中国側は「民用のものであり軍の航路使用はない」と説明したが、台湾側は「一方的だ」「台湾本島と離島を結ぶ路線の運行に影響を及ぼす」などと反発。2015年3月、中台双方の協議の末、運航ルートを大陸側に6カイリ移動することで合意した。

のかどうか。

奥田　そうですね。ただ、「戦争は現実的な話」ということを日本の右派も強調するんですけど、たとえば、台湾が中国に攻められた時に、日本が本当に助けに行くのか。そして台湾は、本当に総力戦になった時にそのコストをどう考えるのか。「それも選択肢のうちだ」と言い切れるのかどうか。

そもそも、日本の今回の集団的自衛権も、説明としては「日本が攻められた時にアメリカが助けてくれる」という話をずっとしている。アメリカも「シリアやイラクに派兵をした時に日本が助けてくれる」と言っている。だから、基本的にみんな他力本願な説明なんですよね。台湾の人たちも、「日米安保同盟が中国の抑止力になる」ってことはあまり考えない方がいいと思うし、それこそ現実を過大評価しているように僕には思えます。

たとえば、蔣介石が大陸から台湾に渡ってきて、アメリカの支援を期待していたけれど、実際には思ったようなサポートが受けられなかった事実が過去にあるわけで、それをまた繰り返すんじゃないでしょうかと。そもそもアメリカが中国に攻め込むことはこれまでにありませんでした。

で、僕が具体的な解決策として考えているのは、紛争解決ってASEAN[※38]も取り組んでいるんです。実は、これまで紛争解決の話し合いが1千回くらい行われてて。そういった対話の窓口として日本が媒介になるのは、アメリカにはできない役割ではないでしょうか。といっても、現状は安倍首相よりは、オバマ大統領の方がにこやかに習近平氏と会談をしているので想像しにくいですが。アメリカにとっても中国は貿易相手ですからね。ただ、日本も路線が変われば それも可能でしょう。

また、現実的な脅威としては、先ほど話に挙がったように、軍事よりも経済的に侵略されちゃうことの方で。世界的に見ると、デモの主なイシューは「反グローバリゼーション」ですし、経済の防波堤というか、独立性みたいなものをもっと考えないといけない。つまり、単純な武力では解決できない問題っていっぱいあると思うんです。たとえば今回のひまわり学生運動が抵抗した台湾の両岸サービス貿易協定は、中国からの経済的な圧力に他ならないという見方なんですよね。戦車を送り込まずとも、中国の巨大な資本を持って台湾の土地や会社が買われ続ければ、それは事実上の侵略です。このことの方がよほどリアリティのある脅威に思えます。

陳 今の奥田くんの話を要約すると、4つの選択肢《オプション》があると思います。

1番目は、アメリカの軍事行動に日本が参加して、交換条件として日本の安全を守ってもらう。そのためならシリアにもイラクにも行く。

2番目は、アメリカの軍事行動に巻き込まれることは一切、御免こうむる。その代わり、日本自身が自前の軍事力で、友好関係にある他国が脅威に晒された際に助ける。

（※38）ASEAN 東南アジア諸国連合の略称。域内の総人口は約6億人で、5億人の人口を抱えるEUよりも多く、人口増加率も高い。本部所在地はインドネシアのジャカルタ。

3番目は経済的な戦略。グローバリゼーションの中でいかに自国民の生活・利益を守っていくかという問題。

そして、4番目はASEANのような地域的な協力。

で、話を聞いているかぎり、奥田くんは1番目も2番目もNGですよね。まぁ、3番目と4番目の方が良いというのは私も同感ですけど、私が知りたいのは——たとえば、香港は台湾よりもずっと状況が深刻なんです。まだ少数ではありますが、「香港は中国から独立すべきだ」という極端な主張をする人たちが出てきている。そういった状況の中で、香港とどうやって共闘するのか。台湾だったら、正攻法で政府にプレッシャーをかけたり、「安倍首相の路線はよろしくない」と説けばいい。だけど香港の場合、そもそも誰にどうやって働きかけるのか。その点について、黄之鋒たちとどういう話をしたのかが知りたい、というのがひとつ。

それから、3番目のグローバリゼーションに対抗する経済的取り組みなんですけど、1国だけで中国やアメリカに対して交渉するのは難しいと思います。たとえばTPPについて、台湾では国民党も民進党も「基本的に参加したい」と言っているんですよね。なぜかと言うと、TPPに入ればアメリカを使って中国を牽制できると考えている。実に天真爛漫です（笑）。TPPの中身をちゃんと見ると、アメリカの財閥企業に利するような形になっていますし、要するにアメリカも中国も一緒です。結果的に、グローバリゼーションによって台湾の一般の人たちの生活を傷めつけようとしている。だとすると、これも台湾だけの問題ではなくて、韓国で

TPPに反対する人たちや、日本でTPPに反対する人たちと共闘して、反グローバリゼーション運動を起こしていくのが良い。

それと同じで、安全保障についても、韓国、日本、台湾が一緒になって、ありうるべき東アジアの安全保障の仕組みをつくっていく。そういった集団的な交渉のやり方が求められているのではないでしょうか。

現実は「変革可能なもの」

牛田 ちょっといいですか。ここで抽象的なことを言わせて欲しいんですが、僕は他人の話を聞く時、その話の前提となっている事柄を考えながら聞いているんです。今の議論を聞いていると、結局、現実がベースになっているわけですよね。で、具体的な政治経済の議論って、その現実を「変革可能なもの」と見ずに、固定化されたものとして捉えてしまいがちなんですよ。だから、僕はまずその枠組みから出る必要があると思っています。もちろん、現実ベースの話も必ずしなくてはいけないし、陳さんと愛基がいまやっているような議論はこれからも継続して欲しいんですけど……僕が考えているのは、未来のことで。未来について話すことで、現実を「変革可能なもの」として捉え直すことが、第一にあるべきだと思っています。
つまり、「現実がこうだから共闘は難しい」という結論ではなくて、僕らには達成できないかもしれないけど、未来の世代においては台湾と日本が共闘する前提で、それが可能となるプラットフォームづくりを始めなくてはいけない。逆説的に言えば、それをつくっておけば、未来には変革が可能になるかもしれない。

だからこそ、土壌固めのためのプラットフォームをもっと広い時間の中で考えていきたいと僕は思っているし、それはまぁ、ここにいる3人全員の共通見解だと思うんですね。

――まずは共闘する未来を想定して、こういったグローバルな対話を続けていった方がいいと?

牛田　そう。続けた方がいい。今ここで行われている議論こそが、良い未来の可能性づくりになっていると思います。安易に共闘するよりも、調整したり話し合ったりを続けることが重要。実際、SEALDsも7月で解散しますから、それまでに日本の国防とか経済に影響を与える存在にはならないと思います（笑）。なので、もっと広いスパンで考えていく方が良いと思うし、黄くんもそういう広い視点で話をしていたと思います。

奥田　黄之鋒くんは2047年を節目と考えていたよね。「2047年までに、香港の人たちが香港の将来を決定できる土壌をつくっていく」という話をしていた。だから、あと30年以上あるわけで、今の牛田くんの話は非常に大事。実際、僕も今日はかなりの刺激を受けて、もうちょっと現実的に、東アジアの人たちと話し合っていかないといけないと思いました。

だから、黄之鋒くんが4月7日にやる**東アジア学生会議**[※39]で、まずは各国の現状報告から始めたいですね。それを1年に1回とか2回くらい続けていくのが良いんじゃないかと。まずは、共闘というより土台をつくるということですね。

当然、国同士の外交のレベルとは違いますが、安全保障や経済、なにより人権などの話は国を超えて市民の生活や運動につながっています。そこで「今すぐ軍事的な行動を」と煽るよりも、そこに暮らす人々を支える動きができたら良いのではと思います。たとえば今回だったら、台湾で中国寄りのおかしな法律が通りそうだとした場合、台湾は恐ろしい国だから攻撃しようと短絡的になるのではなく、まずそこで抵抗する人々を支援するような動きがあったわけです。国の決定がそのまま市民の意向では必ずしもありませんからね。アメリカや中国にも同じことが言えるでしょう。実際、そこには多様な人々が暮らしているはずですから。

——市民レベルの共感みたいなものを、もっとベースにしていっても良いんじゃないかと。

奥田 そう。あるいは、たとえばですけど、市民運動を背景とする新しい政党が日本にもできたとして。それが2047年ぐらいまでに政権を握り、その時に中国がどうなっているのか分からないけれど、仮にまだ脅威だったとしたら、同じ背景を持つ香港と、台湾と、日本の政党同士が、自由と民主主義《デモクラシー》のために、何か一緒に行動が取れる可能性はないのかなと。

（※39）東アジア学生会議　本書「対話3」で黄之鋒が語っている〝アジア民主化運動の当事者たちが集う初の学生会議〟が、2016年4月、マニラ市内で開催された。香港、台湾、フィリピン、ベトナム、ミャンマーら10ヵ国・地域の代表が集まり、日本からはSEALDsの奥田愛基と高野千春が参加。今後は年に1、2回の継続的な開催や、共同声明の発表も予定されている。

実際、台湾の場合は民進党が政権の座に就いたわけで。もちろん民進党がどれだけ信用に足るのかという話も聞きたいですけど、そういう流れに期待するのはアリなのかな、とか。

SEALDs解散後、について

——では、今後について聞かせてください。まず、陳さんは兵役に服するということですが、その後は政治の道へ向かうつもりはないのでしょうか？　気になるのは、陳さんは、2015年2月に行われた立法委員補欠選挙で立候補したものの、**スキャンダル**[※40]が発覚して出馬が取り止めになった経緯がありますよね。また、最近、時代力量からも離れたというニュースも目にしました。日本では、実際は何が起こったのかいまいちよく分からないので、そのことについてうかがいたいです。

陳　了解しました。まず、経緯を説明すると、2014年は3月に立法院占拠《オキュパイ》が起こって、11月に統一地方選挙があって、そこで国民党が大敗するわけです。そして、翌年2月には補欠選挙をやることが決まって、学生たちの間で「これはチャンスだ」という話になった。「国民党でもない、民進党でもない、第三勢力として誰かが出馬するべきだ」と。で、私は最初、口説く側だったんです。弁護士とかいろいろな人に「出馬してください」とお願いをして回った。ところが、みんな、「お金がない」とか「家庭がある」とか「仕事がある」とか。それぞれ事情があって、なかなか出てくれる人が見つからない。

そこに、**柯文哲**[※41]――台湾の橋下徹みたいな評価をされている人なんですけど、彼が無所属で、民進党の支持を受けて出馬することが決まって、「やはり、これは誰かが出なきゃいけないだろう」と。そこで、私は他人を口説く側だったんですけど、そもそも自分も出馬してみないと他人の説得もできないんじゃないかということで出馬する決意を固めたんです。もちろん、その時点で、かつて自分が起こしたスキャンダルが、選挙に出ると表沙汰になるかもしれないことは分かっていました。ただ、それがスキャンダルになって、出馬取り止めになったなら、そこで過去を清算できるわけで……まぁ、「どうにでもなれ」みたいな感じで出て、案の定、表沙汰になったということですね。私にすれば、やっと落ち着いたという。要するに、雲の上の

（※40）スキャンダル　2011年7月、陳為廷氏はバス車内で眠っていた女性に痴漢行為をはたらき逮捕。女性に謝罪し、罰金を納付することで起訴は猶予されていた。ひまわり学生運動でともにリーダーを務めた林飛帆氏は、以下のようなコメントを発表した。「(陳氏の過去は) パートナーである我々は以前から知っていたこと。彼はパートナーに過去を隠すことはなかった。この過去は彼にとってかなりのストレスとなっていたようだ。彼の過去は過ちだ。だが、これまで彼が公のためにやってきたこと、彼の貢献を否定することはできない」

（※41）柯文哲　1959年、新竹市生まれ。台湾の外科医、政治家。台湾大学病院の名医として世間に知られていたが、2014年の台北市長選挙では無所属として立候補、「青（国民党）と緑（民進党）の壁を乗り越えて」をスローガンに、クリーンなイメージと、これまでの政治家とは異なる大胆な発言から人気を博し、国民党支持者が多い台北市の選挙で、国民党の連勝文（連戦・元国民党主席の息子）候補を大きく突き放して当選、政界に進出した。

人、偶像《アイドル》ではなくなった。もうどこからも自分に対して「選挙に出ろ」と言ってこないし、メディアが張りついて取材してくることもなくなった。そういう意味では非常に楽になりました。

次に、時代力量をどうして辞めたのか。ひとつは、彼らは第三勢力として〝議会の改革〟を掲げて立ち上がった政党なのに、実際の選挙では民進党と選挙協力をしました。つまり、「この選挙区は民進党に譲る、自分たちは候補を立てない」という調整をしたわけですが、それは妥協ですよね。だから、今の時代力量には民進党の批判ができない。辞める要因となったのは、それに対する違和感です。

やはり、私は左派的な立場、進歩的な立場から政治を変えたい。そういった社会運動を続ける必要性を感じています。ただ、今から兵役に就くので、今後1年間は政治活動ができない。で、兵役が終わってからはアメリカに留学するつもりです。修士課程を経て、博士号を取ると考えると、5、6年は時間がかかるので、次に何をするかはちょっと先の話になりますね。自分としては、たとえば学者や研究員の立場から、あるいはシンクタンクの立場から、政策スタッフとして政治に関わることを考えています。どうしても自分がまた選挙に出なければいけない場面があれば出るかもしれませんけど、今のところは考えていないです。

——なるほど。香港もそうでしたが、やはり台湾の若者の運動も、SEALDsのちょっと先を進んでいる感じがありますね。行動にしても、ぶつかる問題にしても。実際、今日、最初に話してくださったように、奥田さんはSEALDsを立ち上げるにあたって、台湾にインスパイアされたところがあるし、この夏の選挙運動にしても、台湾には参考になる点が大いにあると思うのですが、今、陳さんに未来設計をうかがって、奥田さん、牛田さん、個人としては何か考えるところはありますか？

この後、牛田さんが退席しなければいけないということで、まずは牛田さんから聞かせてください。

牛田 はい。SEALDsは7月に解散するんですけど、愛基は何かしら続けていくだろうし、SEALDsメンバーの何人かもそうだと思うんですね。で、たぶん僕もそれに引きずり回されるんだろうなという予感はしています。非常に不本意ながら（笑）。

奥田 なんでだよ（笑）。

牛田 そして、陳さんは「まずは学者になる」ということですが、僕もそう考えているので、そういう意味ではライバルですね（笑）。

あと、先ほどの〝外交レベル〟〝市民レベル〟みたいな話と繋げると、〝学者レベル〟での社会の変え方もあるはずで。これからの学者がやるべきことは、運動を動かしていくというよりも、その運動を常に軌道修正していくような役割だと思うんです。エアコンの温度をちょうど良くするために、途中で止めたり、下がってたら上げたりっていう調整役みたいなことを学者はできるはず。もちろんその温度設定は市民がみんなでやるべきですが、すべてうまくいくわけではないので。今は社会運動と学者が乖離しちゃっていますから、それを繋げていきたいっていうのもありますし。とにかくまだ、これから地盤をつくっていく段階だと思っています。

奥田　ラッパーとしては？

牛田　ラッパーとしては……ひたすら理想を追い続ける人間になりたいですね。「不可能だろそれ」ぐらいの〝人類の理想〟をラップし続けることによって、みんなを引っ張っていけるようになれたらいいですね。

陳　（日本語で）ガンバレ！

一同　（笑）。

牛田　See you again!

陳　Come to Taiwan!

牛田　Ｙｅａｈ！　そしたらぜひ陳さんの家に泊めてください。

陳　OK. You come to military.

一同　（笑）。

牛田　兵役が終わってから行きます（笑）。ありがとうございました。

陳　OK! Good-bye.

（牛田が退席する）

奥田　僕は、先ほどの陳さんの発言を聞いて思ったことがあって。黄之鋒くんは「政党をつくらないと社会運動として認められない」って話をしていましたけど、それは陳さんが今日言っていたように、香港は現状がよりハードだからだと思うんです。

ただ、陳さんはもっと社会運動家的というか、社会の側で動く人でありたいと。スキャンダルが発覚したことさえも、行為自体はそりゃ肯定できるものじゃないですけど、「雲の上の人から普通の人に戻れた」って肯定的に捉えているという。僕自身も政治家になりたくてこういうことをやっているわけではないし、「普通に生活していく中で運動していくんだ」って感覚はすごくよく分かる。素直に、自分もそうありたいなと思います。今日、お話を聞いていて、感覚的にはかなり自分と近いなと思いました。それこそ『Quick Japan』の表紙になって、行く先々で何か言われたりする中、良い意味でも悪い意味でも気にしないというか。もしかしたら、この先、陳さんみたいに「政治家にならないか」って話がくるかもしれないけど、そういう態度で続けていきたいです。というか、そういう態度じゃないと続けていけないのかもしれないですね。

それと、やはり、台湾の社会運動は、ネットワークとか地盤みたいなものが、日本と全然レベルが違うと思いました。選挙で戦うとなると、そのために実際に動く人が必要ですけど、今の日本はそういう人が圧倒的に少ない。SEALDsも知名度は高いかもしれないけれど、まだまだ実力は足りないでしょう。そういった中、7月でひと区切りをつけるのは、僕は良いことだと思っていて。それこそ実力以上に思われているところもあるし……まぁ、実力以上に思われているからこそ、できていることもあるんですけどね。別にSEALDsがなくなったからといって、新しい社会運動が消滅するわけではないので、もっと愚直に、もっと長く続くものを探っていきたいなと、お話を聞いていてあらためて思いました。

もちろん陳さん以外の、台湾の学生たちの中には、たぶん政治家を目指している子もたくさんいると思うんです。僕自身も陳さんに近いスタンスですけど、SEALDsの中から政治家を目指すやつがどんどん出て来てもいいと思うし、そういうやつは全力でサポートしたいなと。あるいは、そういうやつが出て来れる土壌づくりというか、自分が良い腐葉土になれればいいなぁと、お爺ちゃんみたいな気持ちになりました（笑）。

——最後に、陳さんから見た台湾における社会運動の現状というか、〝ポスト・ひまわり〟についてうかがえればと。

先ほど、陳さんは別のフェーズに移るとお話しされていましたが、ひまわり学生運動のもうひとりの代表である林飛帆さんは、より直接的に政治に関わる動き方をされているように見えます。また、台湾の学生運動はひまわり以前から長い歴史があるという話もしてくださいましたが、それがさらに若い世代に受け継がれ、新たな動きとなっているのか。

陳　実際のところを話しますと、ひまわり学生運動が終わってほぼ1年も経たないうちに、学生運動団体はみんな分裂してしまいました。そして現在に至るまで、離合集散を繰り返している状況にあります。

問題になっていた両岸サービス貿易協定は、その後、行政命令の形で、対中開放をやることになった。それに対して、当初は団体が課題《アジェンダ》ごとに協力・連携をある程度はしていたんですけど、現在はその関係も崩壊してしまっている。というのが私の認識です。まぁ、少数残っている団体はNGOという形をとって続いているけれど、それはもはや学生運動として語れるものではない。それから抗議活動もほとんどなくなってしまった。

その要因は……ひまわり学生運動が終わって、馬英九政権は死に体になってしまったんです。逆に言うと、ほとんど何もできない状態なので、市民に反感を買うこともなくなってしまった。

さらに、2014年の後半には地方選挙があり、2015年には翌年の総統選挙に向けての準備もあり、学生運動団体が選挙活動にエネルギーを持っていかれてしまったんです。そのため、いわゆる社会運動というものがほとんど止まってしまった。で、民進党が選挙に勝って政権を獲ったわけですから、すると、政策スタッフなどのポストを含めて、200から300ぐらいの仕事が空いて、ひまわり学生運動をやっていた人たちはみんな体制側に入ってしまったんです。つまり、今まではまったく反対の立場になって、体制批判をしていた人たちが、ものが言えない状態になっている。

一方、林飛帆さんはそれらと違う動きをしています。なぜそれが可能になったのかというと、彼は私よりも早く――2014年から2015年にかけて、兵役に行ってしまったんです。彼は選挙に巻き込まれるのを避けるためにその時期を選んだのだと、私は理解しています。
大きな視点から見ると、民進党政権下で社会運動を続けるのは、国民党政権下でやるよりもはるかに難しい。実際、ひまわり学生運動を支持していた人たちの相当数は民進党支持者だったんですよね。そこに共通の利益があったからこそ、運動を支えていた。ただ、今度は民進党政権になったわけですけど、民進党は国民党時代の政策を、かなりの割合で続行すると思うんです。これまでの国民党の路線を踏襲して対中国政策を続けるとなった時、ひまわり運動に関わった人たちやその支持者が、はたして国民党政権の時のような批判が出来るのかというと、難しいのではないでしょうか。

奥田　なるほど。

――皮肉な話ですね。運動に勝ったことが、ある意味、運動を停滞させる結果を招いた側面もあると。

陳　選挙の時に、私が民進党内でいちばん体制的な人物の批判をしたら、民進党支持者たちから批判を受けました。しかし、私からすれば、国民党と同じことをやっているから批判しただけです。それなのに民進党支持者は、民進党なら許すけれど、国民党がやるなら許さないという変な理屈を持っているわけです。

奥田　ひまわり学生運動って、もともと〝反両岸サービス貿易協定〟というワン・イシューだったわけですよね？　ＳＥＡＬＤｓも、とりあえず参議院選挙までの活動ということで〝反安保法制〞というワン・イシューを打ち出しているんですけど、台湾の場合は、目的は達成されたのだから良いってことでもありますよね？　ワン・イシューでやって、こういう結果になったということは、もちろん100％納得いくわけではないとしても、とりあえずやることはやった、運動の役割は果たした、という感じなのかなと。

陳　台湾の学生運動も、基本的には課題《アジェンダ》ごとに集まります。課題《アジェンダ》によって市民連合的なものをつくって。で、また別の課題《アジェンダ》で、別の××連合みたいなものをつくる。名前は変わるけど、やっているのは大体同じ人たち。私から見ると、その意味で、SEALDsが7月に解散するのは惜しい。つまり、問題がまだ残ったままですから。安保法制の問題を持続的に監督する人がいなくなるわけですし、今までSEALDsがやってきた経験が受け継がれない。

で、いま奥田くんが「ひまわり学生運動は、目的をある程度達成した」と言いましたけど、私はそうとも言い切れないと考えています。要するに、国民党に両岸サービス貿易協定をプッシュする力がなくなってしまって、審査のところで止まっているだけで。「こんな協定はダメだ」と中国に突き返したわけではないんです。だから、法案はそのまま残っていて、民進党政権に引き継がれる。では、民進党政権が両岸サービス貿易協定を止めるのかと言えば……実はよく分からない。民進党の中にも「中国との関係を大事にすることが合理的だ」と考える人はいますから、今後どうなるか。

もちろん、時代力量という新党の結成は、運動の成果です。ただし、時代力量が議席を獲得したからといって、その力がどこまで発揮できるかは未知数です。また、議会の外とどこまで結束し合っていけるか。それも試練のひとつだと言えるでしょう。

だから、SEALDsもまだ全然やれることはありますよ。やはり、安保法制廃止の勝算も立たない状態での解散は惜しいなぁと。

奥田　僕としては、〝SEALDs〟という名前自体はどうでもいいと思っていて。「使える社会的リソースはキープしろ」って黄之鋒くんにも言われましたけど。でも、そういうところから広がるものでもないかなと思っていて。維持していてもダメというか、アクターは多少代わるかもしれないけど、また新しいことに何回でも挑戦しないといけない。だって、デモの土壌がまったくないところから自分たちが運動を立ち上げたことで、ああいう力が生まれたわけですから、また違うことを試していかないといけないんだろうなって思うんですよね。

だから、やっぱりSEALDsは次の参議院選挙をひとつの区切りにします。先ほど陳さんも言っていましたけど、選挙区の中でどう折り合いをつけるかという選挙協力、選挙運動のロジックと、社会運動のロジックって全然違うので、選挙で勝負するんだったら前者に特化したことをやらないといけないだろうし。

そうではなくて、文化的なコンテンツ力で負けているんだと仮定するなら、普通の人が政治に参加できる仕組みを、もっともっとつくっていかないといけないし。

とにかく、普通の人たちが新しいことを試して、とりあえず1回離れて、でもまた集まれるという形の社会運動の方が健全なのかなと。むしろ、ＳＥＡＬＤｓをこれから先もだらだら続けていった方が、良くない影響を与えると思っていて。引き際は肝心ですよ。

それと、陳さんもそうだけど、学生でなくなった時に何をやるのか。次のステージを考えないといけない時期ですよね。僕は大学院に行くつもりなんですけど、その先のことも考えないといけないなと思いました。

ただ、牛田くんも言っていましたけど、ここで終わりにするのはもったいないというか、ＳＥＡＬＤｓを止めてまったく運動をやらなくなってしまうのは残念だとみんな思っているので、何かしらの形で続いていくでしょう。ＳＥＡＬＤｓで動いた人たちはアメーバ状に社会の中で広がっています。また動くべき時が来たらぎゅっと集まりますよ。なので、陳さんとも、また兵役が終わった頃に、こんな感じで会えたらいいなと思っています（笑）。

陳　ＯＫ（笑）。（日本語で）アリガトウゴザイマス。

（２０１６年３月１日、２日　＠太田出版会議室）

FOR PEOPLE ON THE MOVE

おわりに

奥田愛基
（SEALDs）

対談を終えて。海外のニュースが今までより身近なものに感じるようになった。香港ではまた警察とデモ隊の衝突があったらしい。黄之鋒くん、周庭さんもその中にいるのだろうか。闘いは続いている。まだ何も終わってはいない。

僕らの民主主義の未来は明るいだろうか？　そんなことは誰にも分からない。けれど、どんな時代だって、どんな状況だって、「やりますよ」と声をあげる人々がいる。民主主義ってものは、めちゃくちゃめんどくさいみたいだ。だけど、自由とか権利、尊厳とか、そういう話を、誰かがまたどこかで闘っている、そういう話を。どこかで聞いてしまった。どこかで読んでしまったし、どこかで出会ってしまった。そして、今までの自分じゃいられなくなった人が、また始めていった。その連鎖が歴史を作った。

黄之鋒くんが逮捕される前に叫んだ「香港の将来を握っているのは、きみたちだ。きみたちなんだ」という言葉。国は違えど、どこかその呼びかけに僕たちも応えたのかもしれない。

生まれも育ちも違う者同士。話す言葉だって違う。でも、なんでか通じ合うこともある。なんか、もとから知り合いだったみたいに話は尽きなかった。そして、この同じものを共有している感覚は、どちらかというと対談した後に一緒に遊んでいる時のほうが感じた気もする。

民主主義の未来はどうなっていくのか。もしかしたらそんなに明るくないのかも。でも、僕らは厳しい現実の中でも腐ったりしないし、絶望もしないだろう。葛藤がないわけじゃないし、そんなに楽なんかじゃない。絶望的な状況の割には、僕らはわりと明るい。より深い明るさを目指そう。

周庭さんとスカイツリーに行って、駅チカで食べ歩きをしていた時、なんだかあまりに普通に楽しくて、さっきまで真剣に話し合っていたのが嘘みたいで不思議な感じがした。できたてのたこ焼きを頬張ったはいいけど、熱すぎて涙が出ていたし、なんかやたらと自撮りしているし、ここにいるのは香港の女神と言われる偉大な子、というかスイーツが好きでアニメが好きな女の子だった。でも、そういう彼女に会えてよかった。

黄之鋒くんがどうしても築地に行きたいというので、いつ行く？と聞くと、「朝5時」だと。マジかよと思って、頑張って起きた。駅に向かいながら携帯を確認すると、返信が来ない。「もしや」と思った。予感は的中して次にメッセージが来たのは8時過ぎだった。「ごめん。けど、よく寝れたよ」と黄之鋒。朝弱いのは本当に人のこと言えないので、お互い気をつけようぜと慰めた。香港のスターも朝には弱いってことを知れてよかった。

陳為廷くんは、東大安田講堂を見てめちゃくちゃ興奮していた。「小説やマンガでずっと見てた」と。ここに多くの学生が立てこもったりしていたのかと考えると変な感じだったけど、何よりそのことを陳為廷くんに教えてもらうことが一番変な感じだった。

本来は繋がるはずのない人々の想いが繋がっていくこと。これを読んでいるあなたと同じように、この世界で、この社会で、この日常の中で生きていること。それこそが僕らの強さだ。何かに向き合って、物事を変えようとする時。その一歩を踏み出す時。あなたは決してひとりじゃない。味方は世界中にいる。恐れず、たゆまず、その一歩を踏み出せばいい。

「きみたちの世界なんだ。きみたちの国なんだ。きみたちが問われているんだ」

磯部涼（いそべ・りょう）
ライター。主に日本のマイナー音楽と社会の関わりについてのテキストを執筆。単著にルポルタージュ／論考集『ヒーローはいつだって君をがっかりさせる』（太田出版、04年）とその続編『音楽が終わって、人生が始まる』（アスペクト、11年）、編著に風営法とクラブの問題を扱った『踊ってはいけない国、日本』とその続編『踊ってはいけない国で、踊り続けるために』（河出書房新社、12年／13年）などがある。

日本×香港×台湾
若者はあきらめない

2016年7月1日　初版発行
2016年7月15日　第1刷発行

編者　SEALDs
構成　磯部涼
デザイン　川名潤（prigraphics）
写真　江森康之、永峰拓也、植田千晶（SEALDs）、矢部真太（SEALDs）、鐘孝澤、Gary Fok
翻訳　伯川星矢、篠原翔吾
協力　小川善照、倉岡真也、廣瀬舞子
編集発行人　北尾修一
営業担当　渡部 遊

発行所　株式会社太田出版
〒160-8571　東京都新宿区愛住町22 第三山田ビル4階
tel 03-3359-6262　fax 03-3359-0040
振替00120-6-162166　webページhttp://www.ohtabooks.com

印刷・製本　株式会社シナノ

ISBN978-4-7783-1524-5 C0095　